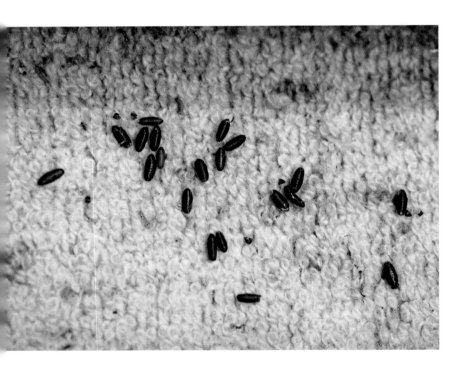

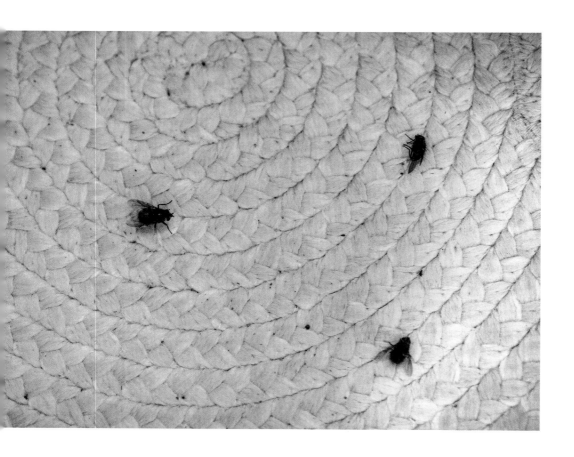

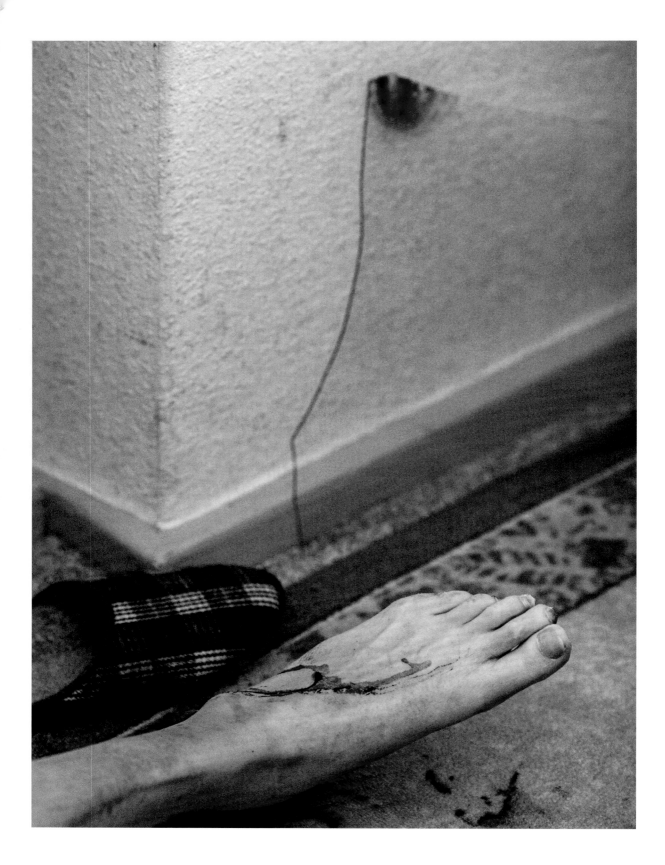

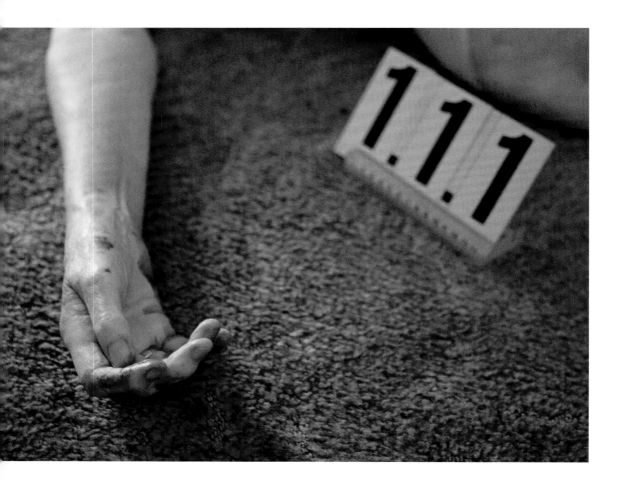

Die hier wiedergegebene Fotoserie »Vestigo« stammt von Patrik Budenz. Über mehrere Monate hinweg begleitete der Fotograf Einsatzkräfte der Polizei und Rechtsmediziner an reale Tatorte. Patrik Budenz lebt und arbeitet in Berlin.

HIEB & STICH

Dem Verbrechen auf der Spur

herausgegeben von
Navena Widulin

Berlin
Berliner Medizinhistorisches
Museum der Charité
2016

VOM SPURENSUCHEN
UND FÄHRTENLESEN

Zellen, Seren und Mikroben, Wunderheilungen, Schmerz und Gallenstein – weit ist das Themenfeld im Berliner Medizinhistorischen Museum der Charité. Seit 18 Jahren bieten wir mit unseren Sonderausstellungen einen speziellen Blick hinter die Kulissen der Medizin. Das Interesse der Besucherinnen und Besucher an allem, was mit Körper und Geist, Gesundheit und Krankheit, Leben und Tod zusammenhängt, scheint ungebrochen. Kein Thema allerdings hat die Herzen so berührt und die Phantasie so beflügelt wie die Rechtsmedizin. »Vom Tatort ins Labor. Rechtsmediziner decken auf«, diese Sonderausstellung sprengte 2009 alle Rekorde. Die Scharen strömten, einzeln oder in Gruppen. Bald war der Katalog vergriffen. Was war passiert? Klar, wir hatten einen Nerv getroffen. Der Rechtsmediziner war schon damals der Star unter allen Sorten Ärzte in Kino und TV. Letztlich behielt aber nur der eitle Professor Boerne im ganzen Chaos kühlen Kopf und klaren Blick!

Gerade darum aber ging's und geht's bis heute. Im Ärztetypus Rechtsmediziner verdichtet sich alles, was wir allgemein von der Medizin erhoffen und erwarten: Leben, Tod und Sterben markieren die großen existentiellen Rätsel. Um diese Rätsel zu lüften, braucht es Spuren. Diese Spuren aber müs-sen bisweilen aktiv gesucht, vor allem aber gefunden, gelesen und gedeutet werden. Um Spuren geht es in der Forschung, im Labor. Aber auch in jeder Sprechstunde fragt der Arzt: »Wo tut es weh? Wie lange schon? Wie alt sind Sie? Schon einmal krank gewesen? Was hatten Sie?« Dann noch Blutdruck messen, Blutbild machen, Röntgenbild. Aus dem Puzzle der Befunde verdichtet sich ein Bild, ein Krankheitsbild oder, bestenfalls, Entwarnung und ein kurzes »Alles schick, Sie können gehen. Sie sind gesund.«

Unter allen medizinischen Spurensuchern und Fährtenlesern ist der Rechtsmediziner in der öffentlichen Wahrnehmung der wirkliche Comanche. Er hat oft wenig – eine Leiche, ein Messer, ein bisschen Blut und Speichel. Daraus liest er viel und manchmal alles. Bestimmt Zeitpunkte, klärt Identitäten, rekonstruiert Abläufe. Klar und unbestechlich, zudem wissenschaftlich begründet und technisch versiert, hilft er, selbst die kniffligsten Rätsel zu lösen.

Das menschliche Rätsel und seine Lösung – hierin liegt nicht nur der Kernimpuls für Medizin und Rechtsmedizin, sondern auch die entscheidende Dynamik für unser medizinisches Museum. Unsere Besucherinnen und Besucher erwarten sich Einblicke in das Buch des Lebens mit seinen sieben Siegeln. Deshalb betreten sie freiwillig ein Krankenhausgelände, den historischen Campus der Charité, kommen zu uns ins Museum und riskieren einen Blick unter die Haut bis auf Herz und Hirn. Sie wollen im besten Sinne alles wissen, oder wenigstens mit Hinweisen und Anregungen nach Hause gehen, um den Rätseln weiter auf den Grund zu gehen.

Jeder Fall lebt von der Frage. Diese bindet sich an das Offensichtliche, den kleinen vorgefundenen Rest, das Zeichen, woraus zugleich auch schon die Vermutung wächst. Deshalb haben wir uns dazu entschlossen, in dieser Sonderausstellung dasjenige ins Zentrum zu rücken, wovon alles in der Medizin im Allgemeinen und in der Rechtsmedizin im Besonderen seinen Ausgang nimmt, dasjenige um das letztlich alles Denken, Deuten, bis hin zum hieb- und stichfesten Belegen eines Sachverhaltes kreist: die konkrete Spur.

Die Ausstellung macht sich auf die Spur der Spuren. Zunächst werden diese an konkreten Orten, Tatorten zumal, von Rechtsmedizinern und Kriminalisten vorgefunden, dann im Polizeipräsidium zusammengetragen und sortiert. Das Fall-Board schafft erste Übersichten. Strategien für weitergehende Recherchen und Ermittlungen werden hier entwickelt. Mittlerweile schaut der Rechtsmediziner genauer nach. Jenseits der Obduktion steht ihm ein ganzes Arsenal an unterschiedlichen Verfahren zur Verfügung: Postmortale Computertomographie, Blutspurenmusteranalyse, Genetische Untersuchungen, Gifttests. Die Kollegen der Polizei haben ihre Techniken: Spürhunde, Ballistik, Insektennachweis. Die Frage stellt sich: Was geben die Spuren letztlich preis? Wird der Fall gelöst?

Ich wünsche Ihnen viel Spaß und Erkenntnis beim Spurensuchen und Spurenlesen in dieser Ausstellung.

PROF. DR. THOMAS SCHNALKE
DIREKTOR DES BERLINER
MEDIZINHISTORISCHEN MUSEUMS
DER CHARITÉ

RECHTSMEDIZIN ZWISCHEN MYTHOS UND WAHRHEIT

Vor mehr als 20 Jahren, als ich mich entschloss, Rechtsmediziner zu werden, führte mein Fachgebiet in der öffentlichen Wahrnehmung ein absolutes Nischendasein. Aber auch für die meisten Ärzte war die Rechtsmedizin zu dieser Zeit noch ein weißer Fleck auf der Landkarte der medizinischen Disziplinen. Mit Ausnahme von Wiederholungen der von 1976 bis 1983 produzierten Fernsehserie Quincy, bei der erstmals ein Rechtsmediziner Hauptfigur in einem Krimi war, gab es Mitte der 1990er Jahre noch keine Filme, in denen forensische Untersuchungsmethoden im Mittelpunkt standen. Und auch in der Kriminalliteratur oder im Thriller hatten Forensiker damals noch keinen Einzug gehalten und Einblicke in ihre Arbeit gegeben. Für die Rechtsmedizin interessierte sich zu dieser Zeit eigentlich noch niemand. Die wenigen Leute, die sich damals Gedanken darüber machten, was sich wohl in Rechtsmedizinischen Instituten abspielen könnte, gingen davon aus, dass dort in gekachelten und grell erleuchteten Sektionssälen den ganzen Tag tote Menschen aufgeschnitten werden. Abgesehen von dieser Vorstellung Einzelner war die Öffentlichkeit bis dahin ja auch völlig im Dunkeln gelassen worden, was hinter den verschlossenen Sektionssaal- und Labortüren eines Rechtsmedizinischen Instituts vor sich gehen könnte. Das sollte sich aber schon ein paar Jahre später schlagartig ändern. Ende der 1990er Jahre wimmelte es plötzlich vor Rechtsmedizinern in der Kriminal- und Thrillerliteratur und im Fernsehen. Damit wurden all die Bilder über die Rechtsmedizin entworfen, die sich heute hartnäckig im Bewusstsein der Menschen verankert haben. Jeder meint mittlerweile nur zu genau zu wissen, was wir machen. Ganz wesentlich dazu beigetragen hat unser fiktiver Kollege, der kauzige und verschrobene Prof. Dr. Karl-Friedrich Boerne, verkörpert von Jan Josef Liefers. Als Münsteraner Rechtsmediziner in der sonntäglichen Serie Tatort ist er den Fernsehzuschauern seit 2002 ein Begriff. Boerne erzielt regelmäßig Einschaltquoten im zweistelligen Millionenbereich und ist aus dem Tatort nicht mehr wegzudenken. Aber auch die Serien Medical Detectives, Autopsie, CSI: Den Tätern auf der Spur, Bones – Die Knochenjägerin, Crossing Jordan, Der letzte Zeuge sowie Criminal Minds und viele andere haben ihren Teil dazu beigetragen, die bis dahin verschlossenen Sektionssaal- und Labortüren weit aufzustoßen und so Licht in das Dunkel der Arbeit von uns Forensikern zu bringen. Das Ausmaß, mit dem deutsche Fernsehzuschauer mit solchen Serien regelrecht bombardiert werden, ist wirklich beachtlich. In nur einer Kalenderwoche im Jahr 2016 zählte ich mehr als dreißig verschiedene Rechtsmedizin-Serien und Forensik-TV-Formate im Fernsehprogramm – die Wiederholungen nicht mitgezählt! Und ein Ende dieses Booms ist derzeit weder in der Kriminalliteratur und in Kino- und Fernsehfilmen noch in Wissenschaftsmagazinen absehbar.

Unweigerlich haben sich bei so viel Präsenz der Rechtsmedizin in den Medien auch einige populäre Irrtümer bzw. Fehlannahmen über den Ablauf des Arbeitsalltags in der Rechtsmedizin bei den Zuschauern und Lesern festgesetzt. Fälschlicherweise wird im Fernsehen immer wieder das Bild des neben der Leiche Brötchen kauenden Rechtsmediziners gezeigt, der die Todeszeit auf die Minute genau bestimmen und jede Todes-

ursache zweifellos feststellen kann, dessen fast tägliches Brot die Jagd auf Serienmörder ist und der alle Kriminalfälle praktisch im Alleingang löst. Da sich in den letzten Jahren zahlreiche Klischees und verzerrte Darstellungen von uns Rechtsmedizinern und unserer Arbeit in der Öffentlichkeit verfestigt haben, schien es uns an der Zeit, mit einigen Irrtümern über die Rechtsmedizin mit dieser musealen Ausstellung aufzuräumen. Bereits die von uns 2009 im Berliner Medizinhistorischen Museum der Charité gezeigte Rechtsmedizin-Ausstellung »Vom Tatort ins Labor. Rechtsmediziner decken auf« war ein derartiger Erfolg, dass es keine Frage war, ob wir eine weitere Rechtsmedizin-Ausstellung konzipieren, sondern nur, wann wir diese präsentieren.

Jetzt ist es wieder so weit. Mit »Hieb § Stich. Dem Verbrechen auf der Spur« nehmen wir Sie, verehrte Besucherin und Besucher, erneut mit auf eine Reise in die spannende Welt der Rechtsmedizin und auch der Kriminaltechnik.

Unsere Absicht ist, Ihnen ein wissenschaftlich fundiertes, visuell und konzeptionell anspruchsvolles und dabei realitätsgetreues Bild von Rechtsmedizin und kriminalistischen Untersuchungstechniken mit den jeweiligen Aufgabengebieten, Tätigkeitsfeldern und technischen Möglichkeiten zu präsentieren und Sie zudem auch noch bestens zu unterhalten. Ich bin mir sicher, dass uns das gelingt!

PROF. DR. MICHAEL TSOKOS
DIREKTOR DES INSTITUTS FÜR RECHTSMEDIZIN DER CHARITÉ UND DES LANDESINSTITUTS FÜR GERICHTLICHE UND SOZIALE MEDIZIN BERLIN

PROFILING –
GLASKUGELLESEREI
ODER STRUKTURIERTE
FALLANALYSE ?

Bereits während meiner Tätigkeit als Mordermittler interessierte ich mich sehr für das Thema »Profiling«, das ich – mehr oder weniger – aus Büchern, Filmen und Fachartikeln kannte. Als sich mir dann 1999 die Möglichkeit bot, eine derartige Dienststelle in Berlin aufzubauen, habe ich begeistert zugegriffen.

Hintergrund war die damalige bundesweite Vereinbarung, in jedem Bundesland eine sogenannte OFA-Einheit einzurichten. Damit wären wir auch bei der korrekten und treffenden Bezeichnung dieser doch noch jungen Methodik: OFA steht für Operative Fallanalyse, der amtliche Begriff für das in Teilen aus dem anglo-amerikanischen Bereich übernommene »Profiling«. Die nüchterne Definition der Operativen Fallanalyse (OFA) lautet:

Bei der Fallanalyse handelt es sich um ein kriminalistisches Werkzeug, das das Fallverständnis bei Tötungs- und sexuellen Gewaltdelikten sowie bei anderen geeigneten Fällen von besonderer Bedeutung auf der Grundlage objektiver Daten und möglichst umfassender Informationen zum Opfer mit dem Ziel vertieft, ermittlungsunterstützende Hinweise zu geben. Diese Definition zeigt bereits die wesentlichen Merkmale der OFA:

/ Es handelt sich um ein kriminalistisches (kein psychologisches) Werkzeug.
/ Insbesondere objektive Falldaten und das Opferbild bilden die Grundlage für Hypothesenbildung.
/ Mit Hilfe der OFA soll der Fall in all seinen Facetten besser verstanden werden (vertieftes Fallverständnis).
/ Ziel der OFA ist natürlich stets, Ermittlungsempfehlungen zu generieren, die zur Ergreifung des unbekannten Täters führen können.

Grundlage unserer Arbeit ist die wissenschaftliche Erkenntnis, dass menschliches Verhalten bedürfnisgesteuert ist. Jeder Mensch zeigt in seinem Alltagsleben Verhalten, um seine persönlichen Bedürfnisse zu befriedigen. Vielfach sind es Alltagsroutinen, aber auch hierbei sind Unterschiede festzustellen: Ich habe das Bedürfnis zur Arbeit zu fahren, also nehme ich – wie immer – das Auto oder den Bus oder das Fahrrad? Ich habe morgen einen wichtigen beruflichen

Termin; überlege ich mir vorher, wie ich dorthin komme und bereite alles sorgfältig vor? Was ziehe ich an? Diese Bedürfnisse kennt jeder, aber jeder geht unterschiedlich damit um.

Uns interessiert natürlich das Täterverhalten, also die immateriellen Spuren, die ein Täter hinterlässt. Wo finde ich die? Am Tatort bzw. am Opfer! Wurde das Verhalten festgestellt, versuchen wir, das dahinterliegende Bedürfnis zu ergründen und somit unter Umständen auch zu dem eigentlichen Motiv dieser Tat zu gelangen. Hört sich einfach an, ist es aber in der Regel nicht ...

Das Vorliegen von Täterverhalten muss nicht immer eindeutig erkennbar sein: Beispielsweise waren in einer Tatort-Wohnung sämtliche Jalousien herunter gelassen. Handelte es sich um Täterverhalten (um nicht bei weiteren Tathandlungen von außen gesehen zu werden) oder hat das Opfer vor der Tat die Jalousien selbst betätigt? Die Wohnung machte einen durchwühlten Eindruck. Handelte es sich um Täterverhalten (der Täter suchte nach Wertvollem) oder Opferverhalten (bei dem getöteten Menschen sah es in der Wohnung auch zu Lebzeiten immer aus, wie »nach einem Einbruch«). Kann durch uns keine Klarheit erzeugt werden, verwenden wir diese Erkenntnisse nicht in der Analyse, da sie zu falschen Hypothesen führen können.

Haben wir das Täterverhalten eindeutig festgestellt, ist es in einem weiteren Schritt notwendig das »Warum«, also das Bedürfnis des Täters zu ergründen. Hierfür sequenzieren wir im Rahmen der Tathergangsrekonstruktion, dem Kernelement der OFA, die einzelnen Tatphasen möglichst chronologisch – von Kontaktaufnahme zwischen Täter und Opfer bis zur Flucht. Auch die hier entstehen-

den Fragen sind nicht immer einfach zu beantworten. Hat sich der Mord beispielsweise in der Wohnung des Opfers ereignet und die Wohnungstür weist keine Aufbruchspuren auf, müssen alle Hypothesen, wie der Täter in die Wohnung gelangt ist, eingehend diskutiert werden:

/ Der Täter wurde in die Wohnung gelassen, weil das Opfer ihn kannte.
/ Der Täter wurde in die Wohnung gelassen, weil er das Opfer mit einer so genannten Legende (z. B. einem falschen Postboten) dazu veranlasste, die Tür zu öffnen.
/ Der Täter besaß berechtigter Weise einen Schlüssel.
/ Der Täter hatte zu einem früheren Zeitpunkt dem Opfer einen Schlüssel entwendet, ohne dass dies bemerkt worden war.
/ Der Täter hat sich einen Nachschlüssel fertigen lassen.
/ Das Opfer hat zu einem früheren Zeitpunkt seinen Schlüssel verloren und der spätere Täter ihn gefunden.
/ Es bestehen zu dem Wohnungstürschloss noch weitere Schlüssel, von denen das Opfer nichts wusste.
/ Der Täter öffnete gewaltsam die Tür mit einem Werkzeug (z. B. die berühmte Scheckkarte), ohne Spuren zu hinterlassen.

Allein an diesem Umstand kann man ermessen, wie schwierig es ist, aufgrund am Tatort erkannter Verhaltensweisen, sich für die wahrscheinlichste Hypothese zu entscheiden. Wie der geneigte Leser erkennen kann, verwende ich immer wieder das Wort »wir«. Das kennzeichnet eines der 3 Grundprinzipien der fallanalytischen Arbeit:

/ Teamansatz
/ Objektivität
/ Verschriftlichung.

Der Teamansatz ist aus zwei Gründen ein aus der OFA nicht wegzudenkender Aspekt. Zum einen entwickeln mehr »Köpfe« (3 bis 4 Analytiker pro Team) auch mehr kreative Gedanken als nur einer. Fast noch wichtiger ist aber die Funktion des Teams als Korrektiv. So werden alle »auf den Tisch geworfenen« Hypothesen durch das Team überprüft (Mehr-Augen-Prinzip) und als positiv bzw. negativ bewertet.

Auch die Objektivität ist ein bedeutendes Merkmal der OFA. Muss der Ermittlungsführer insbesondere bei ungeklärten Tötungsdelikten jedem Hinweis nachgehen, kann und muss es sich der Fallanalytiker erlauben, subjektive Hinweise als Grundlage für seine Hypothesen zu ignorieren. Sind keine objektiven Nachweise für diese Hinweise vorhanden, bleiben sie unberücksichtigt. Beispiele für derartige Hinweise sind:

/ Das zunächst vermisste und später tot aufgefundene Kind wurde zu Lebzeiten an verschiedenen Orten mit unterschiedlicher Begleitung gesehen.
/ Der Getötete bewegte sich zu Lebzeiten im Homosexuellen-Milieu.
/ Der Getötete war in Drogenge-schäfte verwickelt.

Sollten keine weiteren Belege für derartige Behauptungen existieren, werden diese Aspekte, wie gesagt, ignoriert. Somit können wir uns nur auf die Fakten konzentrieren und nicht in die Irre geleitet werden. Natürlich ist es für den Ermittler schwierig, aus dem Wust subjektiver und objektiver Informationen ein klares Meinungsbild zu entwickeln.

Objektive Daten ergeben sich aus Tatort-, kriminaltechnischen und rechtsmedizinischen Befunden.

Die Verschriftlichung stellt schließlich die 3. Säule der OFA dar. Das bedeutet nichts anderes, als dass jeder geäußerte Gedanke und die anschließende Diskussion darüber schriftlich dokumentiert werden, ebenso natürlich die Ergebnisse. Dies dient der Transparenz und Nachvollziehbarkeit der entwickelten Hypothesen.

Praktisch funktioniert eine OFA, indem wir den Auftrag durch die Ermittlungsdienststelle erhalten. In der Regel handelt es sich um ungeklärte Tötungs- und Sexualdelikte. Jedoch haben wir in der Vergangenheit auch Fallanalysen zu anderen Deliktsbereichen durchgeführt, so auch zu dem spektakulären Bankeinbruch über einen Tunnel in Berlin-Steglitz.

Anschließend wird eine Machbarkeitsprüfung durchgeführt, denn nicht jede Tat ist für eine OFA geeignet. Es sollte genügend individuelles Täterverhalten erkennbar sein, um ausreichend so genannte Anknüpfungstatsachen für die Hypothesengenerierung zur Verfügung zu haben. Der spontan entstandene Streit zwischen Unbekannten auf der Straße, der letztlich zu einem Tötungsdelikt eskaliert, indem der eine dem anderen ein Messer in den Bauch rammt und flieht, ist zum Beispiel nicht für eine fallanalytische Betrachtung geeignet.

Sodann wird das Analyseteam aus 3 bis 4 Fallanalytikern zusammengestellt. Jedes Teammitglied liest – nach entsprechender Vervielfältigung – die komplette Ermittlungsakte. Bevor es in die Analyse geht, findet eine

Informationserhebung statt. Dabei stellt sich die Frage, ob man für die Analyse noch wichtige Informationen benötigt, die der Akte nicht zu entnehmen sind, z.B. zum Opferbild. Diese können dann noch vor der Analyse ggf. durch die beauftragende Dienststelle nacherhoben werden.

Die vor der Analyse erfolgte Tatortbesichtigung ist eine Standardmaßnahme im Rahmen der OFA. Fotos oder Videos geben in der Regel nicht den Eindruck wieder, den man im Rahmen einer persönlichen Aufsuche gewinnen kann. So haben wir insbesondere bei Wohnungstatorten immer wieder festgestellt, dass die Räumlichkeiten in der Realität stets kleiner sind als sie auf Fotos erscheinen. Die anschließende Analyse selbst benötigt in der Regel 3 bis 5 Tage. Sie wird – in Form eines Brainstormings – von einem verantwortlichen Fallanalytiker moderiert, der u.A. auf die Struktur, die Diskussionskultur und die Einhaltung der Methodik achtet.

Wie schon erwähnt, steht dabei die Tathergangsrekonstruktion im Mittelpunkt. Zunächst muss das erkennbare Täterverhalten in Bezug auf die entsprechende Bedürfnisbefriedigung analysiert werden. Hierbei wird der Fokus insbesondere auf die Entscheidungen des Täters vor der Tat (bringt er z.B. vorbereitet Tatmittel mit), während der Tat (Aktion vs. Reaktion des Täters) und nach der Tat (z.B. anonyme Anrufe) gelegt. Diese Aspekte spielen bei der Fallanalyse immer wieder eine entscheidende Rolle!

Immer wiederkehrende Fragen in diesem Zusammenhang sind: Warum wurde dieser Mensch zu dieser Zeit an diesem Ort Opfer eines Tötungsdelikts? Handelte es sich um ein beliebiges oder gezieltes Opfer? Benötigte der Täter vorab Informationen zum Opfer, um die Tat so überhaupt begehen zu können? Gab das Opfer Zeitpunkt und Ort der Tötung vor (z.B. das Schulkind, das jeden Tag zur selben Zeit das Haus verlässt) oder lagen diese Dinge in der freien Entscheidung des Täters?

In der Regel stehen dem Täter mehrere Entscheidungsoptionen zur Verfügung. Die Frage zu beantworten, warum der Täter die eine Option und nicht die anderen wählt, ist nicht einfach, bringt uns in der Fallanalyse jedoch stets einen wesentlichen Schritt voran.

In diesem Zusammenhang werden in der Fallanalyse auch die Fragen gestellt:

/ Was hat der Täter getan, was er nicht hätte tun müssen?
/ Was hat der Täter nicht getan, was er hätte tun können?

Wenn einem Opfer beispielsweise über 40 Messerstiche zugefügt wurden, zwei aber nur tödlich waren, muss darüber diskutiert werden, warum es zu diesem »Overkill« kam. Wurden einem Opfer schwere, aber nicht tödliche Kopfverletzungen mit einem Schlagwerkzeug zugefügt und es anschließend erstochen, muss man sich die Frage stellen, warum der Täter nicht von Anfang an das Messer eingesetzt hat bzw. die Schläge mit dem Schlagwerkzeug nicht fortgeführt hat, bis das Opfer daran stirbt.

Im Anschluss an die Tathergangsrekonstruktion und die Analyse der einzelnen Täterhandlungen wird das so genannte Täterprofil (es zielt auf die Persönlichkeit des Täters) erstellt. Das heißt, eine Täterprofilerstellung ist ohne vorangegangene Fallanalyse nicht möglich. Erst wenn die Tat verstanden wurde, kann man auch den Täter in seiner Persönlichkeit einschätzen. Bei der Täterprofilerstellung haben insbesondere die Informationen aus der Tat selbst einen wesentlichen Anteil, aber auch die Empirie (z.B. Studien zu polizeilichen Vorerkenntnissen von Vergewaltigern oder geografischem Verhalten von Sexualstraftätern). Nur in diesem Punkt, wo wir Analytiker uns mit der Persönlichkeit des unbekannten Täters beschäftigen, bedienen wir uns mitunter psychologischer Beratung durch entsprechende Fachleute.

Unstrittig ist, dass das Täterprofil die unsicherste Aussage der Fallanalyse darstellt. Nur aufgrund des erkannten Verhaltens Schlüsse auf Alter, Wohnort und Vorstrafen zu ziehen, ist mehr als schwierig. So kann z.B. nur das Verhaltensalter des unbekannten Täters benannt werden. Das tatsächliche Alter kann davon jedoch abweichen. So kann die Tatbegehung auf einen naiven, sexuell unerfahrenen jungen Mann um die 20 Jahre weisen. Tatsächlich ist dieser Täter aber möglicherweise bereits über 30 Jahre alt, ist bei seine Großeltern aufgewachsen, sehr konservativ erzogen worden und hatte bisher keine sexuellen Erfahrungen mit Frauen.

Das Täterprofil kann eine wichtige Grundlage für die Generierung von Ermittlungsempfehlungen für die beauftragende Dienststelle sein; hierauf zielt jede Fallanalyse eigentlich ab. Eine klassische Ermittlungsempfehlung im Ergebnis der Operativen Fallanalyse ist beispielsweise der Massenspeicheltest: Wurden am Tatort identifizierungsgeeignete Spuren gefunden, muss man einfach nur den richtigen Menschen finden, um sie ihm zuordnen zu können – in der Millionenmetropole Berlin kein leichtes, wenn gar unmögliches Unterfangen. Genau in diesem Punkt können die Ergebnisse der Fallanalyse zu Ressourcen-sparenden, ökonomischen Ermittlungen führen, indem aufgrund des Täterprofils zunächst ein überschaubarer Kreis von potenziellen Verdächtigen »gespeichelt« wird. Wiederum liegt hier auch eine hohe Verantwortung der Fallanalytiker gegenüber den Ermittlern. Speichelprobenentnahmen von beispielsweise 1.000 Männern kosten Energie, Zeit und Geld. Irren wir uns im Täterprofil ggf. beim Alter, ist der wahre Täter nicht unter diesen 1.000 Männern zu finden und die Arbeit der Kollegen war vergebens. Dennoch können unsere Empfehlungen manchmal der letzte sich bietende Strohhalm für die Ermittler sein, um eine Tat doch noch klären zu können.

»Profiling« ist also kein Mysterium. Wichtig war mir deutlich zu machen, dass durch die Operative Fallanalyse mit ihrer stringenten und sehr strukturierten Methodik durchaus auch noch schwierige Fälle geklärt werden können. Hier haben wir Fallanalytiker in den letzten Jahren auch eindeutig mehr Kompetenzen entwickelt als beim Lesen von Glaskugeln ...

CHRISTIAN SCHULZ
LEITER DER ABTEILUNG OPERATIVE
FALLANALYSE DES LANDESKRIMINALAMTS
BERLIN

»IST DAS WIRKLICH ALLES ?!«

Es ist Sonntag, nachts, 2.30 Uhr und mein Bereitschaftshandy klingelt. Bis vor kurzem schreckte ich panikartig auf. Ich hasste diesen »old-phone«-GRIIIIIING-Klingelton … maximale Ruftonlautstärke, Vibrationsalarm und blinkendes Display … OH MEIN GOTT! … Da das Handy immer auf dem Bettrahmen liegt, übertrug sich die Vibration auf's komplette Bettgestell. Der kreischende Bildschirm verursachte einen Horror-Schattenwurf der Deckenlampe. Noch bevor ich die geringste Chance hatte, diesem Spektakel ein Ende zu setzen, schrie ich auf, um etwa in 1 / 100stel Sekunde zeitversetzt mit dem Blitzstart meines Katers (er schläft am Fußende und pflegt bei Fluchtattacken seine Krallen auszufahren, um sich abzustoßen). Egal wie, ich schaffte es immer wieder, den Anruf anzunehmen, bevor das erste Blut am Unterschenkel kam.

Heute Nacht ist alles anders! Vor dem Zubettgehen erfolgte der obligatorische »Selbstkontroll-Anruf« auf dem Bereitschaftshandy, vorher stelle ich den »Harfe«-Rufton ein, keine Vibration und langsam pulsierende Displayintensität. Was soll ich sagen? Ein Genuss! Mitten im Traum (diesmal auf einer polynesischen Inselgruppe) der Klang von dezent-leiser, langsam lauter werdender Harfenmusik. Kein schreckhaftes Zur-Seite-Drehen, mit gleichzeitigem »AAAAUUUUU-UH«. Im Gegenteil, ich genieße noch ein paar Töne, warte ein verschlafenes »Mauz« vom Fußende ab und melde mich beim anrufenden Kollegen des Lagezentrums mit dem gewohnten: »Hast Du mal auf die Uhr geschaut?«

Ein kurzer Lacher und es folgt die Schilderung eines Sachverhaltes zum Tötungsdelikt: Stadtbezirk, Öffentlichkeit, zwei männliche Gruppen, lautstarker Streit auf der Straße, Messer, drei Verletze, einer verstirbt am Tatort während der Reanimation, zwei Festnahmen nach Zeugenaussagen und eingeleiteter Fahndung. Ich lasse die Infos kurz auf mich wirken und frage: »Ist das wirklich alles?!« Kurze Sprachlosigkeit am anderen Ende und die Antwort: »Reicht das nicht?« Eine anschließende Durchgabe interner Erreichbarkeiten und Zuständigkeiten sowie ein »Na, gutes Gelingen auch!« beenden dieses Telefonat.

Die spurentechnische Bearbeitung (Dokumentation, Suche und Sicherung am Tatort, an Tatverdächtigen/Beschuldigten, am Leichnam und an Geschädigten eines solchen Deliktes) nimmt mindestens fünf bis acht Stunden in Anspruch, hinzu kommen die Aufarbeitung der Spuren im LKA, Telefonate, Aufrüstung der Einsatzfahrzeuge etc. Mein Wochenende ist vorbei!

Ich wähle die Rufnummer meines Teampartners, der sich – noch völlig geistesabwesend – meldet: »Hast Du mal auf die Uhr geschaut?« (er hat übrigens kein Haustier). Ich lache, gebe ihm etwas Zeit zu sich zu kommen und schildere ihm erste Infos zum anstehenden Einsatz. Dank meines entspannten Weck-Erlebnisses spreche ich ganz ruhig, langsam und verkaufe ihm den anstehenden Stress als Wochenendkurztrip an die See. Abschließend bemerke ich: »… und das ist schon alles!«

Wenig später treffen wir uns in der Tiefgarage des LKA, am Einsatzfahrzeug. Nach einem gefühlten Überschallflug durchs nächtliche Berlin treffen wir am abgesperrten Tatort ein. Polizeifahrzeuge, Uniformen, Blaulicht, rotweiße Flatterleinen, Presse … Auf dem Weg haben wir einen »Vorgehens-Fahrplan« erstellt, sind uns einig. Die Erstbesichtigung des Tatortes, die Einweisung und die recht überschaubare Spurenlage lassen uns beide das Gleiche denken: Ist das wirklich alles?! Wir funktionieren und routiniert lichten sich

die Reihen von herumliegenden Spurenträgern und unseren Nummerntafeln. Mittlerweile werden sogar Polizeifahrzeuge und Schaulustige weniger. Die Presse hat ihre üblichen Fotos und es kehrt wieder Normalität am Ort ein. Es ist längst hell und unsere leeren Kaffee-to-go-Becher türmen sich unübersehbar im aufgestellten Müllkarton. Immer wieder suchen wir den Augenkontakt, sprechen uns ab und versuchen an alles zu denken. Zu schwer wiegen die Folgen eines Fehlers, eines übersehenden Details später vor Gericht. Immer wieder die gegenseitige Frage: »Ist das wirklich alles?!«

Im Nu vergeht der Tag. Die Untersuchung der Tatverdächtigen in der Gefangenensammelstelle und des Leichnams in der Rechtsmedizin, die schriftliche Erfassung aller gesicherten Spuren und tatrelevanten Gegenstände, sowie das Startklarmachen unseres Fahrzeuges liegen hinter uns. Wir haben viel gesehen, viel erlebt und der Einsatz schweißte wieder etwas mehr zusammen.

Noch bevor wir uns per Handschlag verabschieden, folgt ein gleichzeitiges: »Ist das wirklich alles?!« Dieser Satz bedeutet mir mittlerweile mehr als die nur ursprünglich geglaubte Kritik. Er ist Bestandteil meiner Arbeit, meines Lebens. Er zeigt Vertrauen im Team, in der Partnerschaft und in den alltäglichen Situationen. Gemeinsam mitdenken, gemeinsam handeln und dieses Gefühl, nicht allein zu sein.

JEAN-PEER KRAUSE
TATORTDAKTYLOSKOP, SPURENSICHE-
RUNGSGRUPPE DES LANDESKRIMINAL-
AMTS BERLIN

AUF DER SUCHE NACH DEM AUTHENTISCHEN BILD : KURZE GESCHICHTE DER TATORTFOTOGRAFIE

Tatortfotografien der Polizei werden von vielen als objektive Bilder begriffen. Obgleich wir längst verinnerlicht haben, dass Fotografien heute vielgestaltig manipuliert und unsachgemäße Aussagen durch sie provoziert werden können, wird an die Abbildung eines Tatortes als ein wahres, authentisches Bild geglaubt. Dieses Wissen speist sich aus populären Medien (Spiel- und TV-Filmen) und gelegentlich aus Publikationen mit historischen Tatortfotografien von Journalisten, wie z.B. den Arbeiten des Pressefotografen Weegee aus New York der 1930er und 40er Jahre oder die Verkehrsunfall-Fotos des Schweizer Dorfpolizisten Arnold Odermatt aus den 1950er Jahren. Die von der Polizei beauftragten Tatortfotografien hingegen sind nicht für die Öffentlichkeit bestimmt und werden dort auch nicht gezeigt, sondern sie dienen als Hilfsmittel zur Aufklärung eines Verbrechens. Dieser Beitrag erinnert daran, dass die Idee des Tatortfotos bei der Polizei einen Wandel erfahren hat. Mit einer kurzen Geschichte der Tatortfotografie wird aufgezeigt, dass die Polizei/Kriminalistik selbst erst Regeln für das für ihre Zwecke der Aufklärung und des Beweises notwendige Bild aufstellen musste. Eine Skizze zu populärkulturellen Vorstellungen vom Tatortfoto problematisiert das Weiterleben des Authentizitätsversprechens dieses Bildgenres.

Auswertungsangriff

Ein Tatort im juristischen Sinne ist durch §9 StGB definiert: »Eine Tat ist an jenem Ort begangen, an dem der Täter gehandelt hat oder im Falle des Unterlassens hätte handeln müssen oder an dem der zum Tatbestand gehörende Erfolg eingetreten ist oder nach der Vorstellung des Täters eintreten sollte.« Für die Kriminalistik ist der Tatort die wichtigste Quelle für den Erkenntnis- und Beweisführungsprozess. Die auffindbaren Spuren am Tatort können Hinweise auf den/die Täter sein, die (fast immer) abwesend sind.

Was ist eine Tatortfotografie? In der Kriminalistik wird damit die fotografische Sicherung des Zustands um und am Ort eines kriminalistisch relevanten Ereignisses bezeichnet. Unterteilt werden die Aufnahmen in: Orientierungs-, Übersichts- und Teilübersichts-Fotografien sowie Aufnahmen von einzelnen Spuren. Der Ort, an dem sich ein Verbrechen ereignet hat, wird also systematisch fotografisch erfasst. Dabei geht man immer von Außen nach Innen vor, von der Übersicht zum Detail. Die Anfertigung von Lichtbildern am Tatort gehört, wie die Sicherung von Spuren, zum so genannten objektiven Befund, während die Befragung von Zeugen zum subjek-

**Inszenierung einer beispiel-
haften Tatortfotografie mit
Stativ im Atelier der Polizei
Hamburg, um 1912**
aus: Gustav Roscher, Großstadtpolizei, Hamburg 1912.

**Inszenierung Leichenfoto-
grafie mit Stativ, Polizei
Paris, um 1910**
aus: A. Niceforo, Die Kriminalpolizei und ihre Hilfswissenschaften,
Groß-Lichterfelde-Ost o.J.

tiven Befund zählt. Tatortfotografie ist
Bestandteil des »Auswertungsangriffes«, der
auf die Sicherung des Tatortes folgt. Sie soll
fehlerfrei ein Bild über die Situation liefern
und somit auch als Grundlage für die Beweisführung im Strafverfahren dienen können. Um vor Gericht für alle Eventualitäten
gerüstet zu sein, werden in den letzten Jahr-
zehnten mehrere Dutzend Fotos von einem
Tatort angefertigt, früher auf analogem und
heute auf digitalem Wege. Für die Beweis-
kraft vor Gericht ist der Nachweis der Urhe-
berschaft einer Fotografie von größter
Wichtigkeit: Die Angabe eines Maßstabes
und die Angabe der Aufnahmebedingungen
(wurde mit Blitzlicht oder Tageslicht fotogra-
fiert, im Freien oder in geschlossenen Räu-
men?) sowie die persönliche Bezeugung des
Fotografen erst machen eine Fotografie zu
einem relevanten Beweismittel. Heute über-
nehmen darüber hinaus digitale Wasserzei-
chen die Bezeugungsnotwendigkeit.

Kurze Geschichte des Tatortfotos

Es wird vermutet, dass 1867 die ersten Tatortfotografien entstanden sind, im Zusammenhang mit einem Doppelmord bei
Lausanne. Fotografie wurde in dieser Zeit bei
der Polizei sowohl beim Erkennungsdienst
(Porträts von Verdächtigen und Verbrechern)
als auch in der Kriminalistik (Fotos von Spuren, Urkundenfälschungen) verwendet. Doch
erst um 1900, als bei größeren Polizeidienst-
stellen eigene Fotoateliers und Fotolabore
eingerichtet wurden, setzte sich auch die Tatortfotografie durch. Der französische Krimi-
nologe Alphons Bertillon, der u.a. die
erkennungsdienstliche Fotografie erfunden
hatte, empfahl der Polizei, eigene Techniker
und Fotografen auszubilden, um die spezifischen Bildanforderungen einzuüben. Den
zeitgenössischen Atelierfotografen wurde
diese Aufgabe nicht zugetraut, da ihr Blick
und ihre Ausbildung eher auf eine kommer-
zielle und repräsentative Visualisierung gerichtet waren.

Die Demonstration einer Leichenaufnahme,
inszeniert im Atelier der Hamburger Polizei
zu Beginn des 20. Jahrhunderts verdeutlicht,
wie nah die bekannte bürgerliche Atelier-
fotografie und die institutionelle kriminalistische Fotografie noch beieinander lagen, als
die neue Perspektive eingeführt wurde: Der
Hintergrund mit Andeutung einer Parkland-
schaft mit Säule gehörte dem in der Öffentlichkeit bekannten Raum an, während das
ausgefahrene Stativ mit Leiter den Fotografen in eine befremdliche Position zur porträ-
tierenden Person bringt. Die Demonstration
der fotografischen Leichenaufnahme am Tatort aus dem Pariser Erkennungsdienst zeigt
bereits eine nüchterne Atelierumgebung.
Stativ, Leiter, Leichenaufnahme von oben gehören in die Frühzeit der Tatortfotografie.
Aufnahmen von Polizeifotografen bei der Arbeit illustrierten das Thema Tatortsicherung
in Lehrbüchern, ebenso wie beispielhafte
Tatortfotos lehrreich sein sollten.

Für interne Schulungen reproduzierte die »photographische Anstalt der Polizeibehörde« in Hamburg um 1890 exemplarische Leichenfotos und Tatortfotografien aus der kriminalistischen Praxis für ein »Album der Todesarten«. Die Aufnahme einer erstochenen Frau erscheint in einer verfremdeten Perspektive, wenn wir sie mit zeitgenössischen Seh- und Abbildungsweisen vergleichen: Nicht nur die Stativfüße, auch der Schuh des ermittelnden Beamten ist oftmals zu sehen. Die Vogelperspektive löst einerseits Assoziationen zur wissenschaftlich distanzierten militärischen Aufklärungsfotografie aus und andererseits zu den damals neuen Perspektiven russischer Avantgarde-Kunst.

Das Bildrepertoire der Polizei steht in einer Auseinandersetzung mit jenen in der Gesellschaft kursierenden Bildern, auch wenn sich die Institution gegen einen künstlerischen Blick wehrte. Die Polizei, die das Medium in den Gebrauch nimmt, glaubt an die Indexikalität der Fotografie, d.h. an eine Spur des Wirklichen, mit der sie kriminalistisches Wissen generieren will. Die Vertikalisierung will den Überblick erreichen; gleichzeitig könnte man diesen Blick auf das Opfer auch als moralisierenden, erfassenden und mächtigen Blick interpretieren, der an den panoptischen Blick Jeremy Benthams erinnert oder auch an den Schlussakt einer Theatervorstellung. Der Kriminalist Hans Groß legitimierte um 1900 die ungewöhnlichen Perspektiven aus der Höhe und durch Weitwinkel, weil er meinte, der Fotoapparat könne mehr sehen als das menschliche Auge. Deshalb seien diese Bilder für die Polizei »wirklich«, die man doch im Alltag als »unrichtig« bezeichnen würde. Damit wurde dem Medium Fotografie nicht nur Genauigkeit bescheinigt, sondern auch eine andersartige, berufspezifische Wahrnehmung oder Perspektive konstatiert.

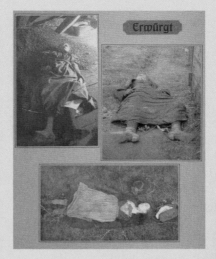

Tatortfotografien, um 1890,
aus dem Album der Todesarten
Polizeimuseum Hamburg

Eine weitere Seite aus dem »Album der Todesarten« zeigt unter dem Titel »Erwürgt« drei weibliche Leichen, von denen bekannt ist, dass sie einem Sexualstraftäter zum Opfer gefallen sind. Bei den beiden oberen Fotografien scheint das sexuelle Motiv des Täters (ich nehme an unbewusst) in die Bildwerdung eingegangen zu sein: Es ist, als würde der Polizeifotograf einen voyeuristischen männlichen Blick einnehmen, ähnlich sogar dem vermuteten Blick des Täters ist dieser an den Beinen entlang auf die Körpermitte gerichtet.

Die Fotodokumentation am Tatort ist seit ihren Anfängen bis heute in der Regel gleichgeblieben. Das Prinzip, sich von außen nach innen dem Tatort und der Leiche zu nähern, ist auf der dreiteiligen Abbildung von 1900 beispielhaft nachzuvollziehen: zunächst die Übersicht mit der Umgebung der Leiche, dann die Teilübersicht mit der Leiche und schließlich die Detailaufnahme der Wunde am Hals. Seit 1903 ist in Deutschland diese Form der fotografischen Dokumentation als Mittel der Beweisführung vor Gericht anerkannt. Damit wird auch der quasi objektive Status einer Fotografie vorausgesetzt. Der Wahrheitsanspruch polizeilicher und gerichtlicher Fotografien wird allgemein nicht angezweifelt. Dabei ist die Geschichte der Tatortfotografie eine der Optimierung von Aufsichten und technischen Verfeinerungen, um die Gedächtnisleistung der am Kriminalfall arbeitenden Beamten zu unterstützen und ein authentisches Bild vom Tatort zu liefern.

Tatortfotografien vom Erkennungsdienst Berlin, um 1900
aus: A. Niceforo, Die Kriminalpolizei und ihre Hilfswissenschaften, Groß-Lichterfelde-Ost o.J.

Die optische Konservierung von etwas, was Kriminalbeamte am Tatort wahrnehmen, wurde als Verfahren erst in den 1970er Jahren vorsichtig kritisch betrachtet. Die fotografische Technik könnte auch eine Fehlerquelle sein, sie könne hervorheben oder unterdrücken, so die theoretische Haltung dazu. In der Praxis überwiegt der Glaube an die Indexikalität, d.h. der Glaube an den unbedingten Bezug einer Fotografie zur Wirklichkeit, allerdings unter der Bedingung, dass Experten der Kriminalistik die Regeln festsetzen, fotografieren und die Fotolaborarbeit leisten.

Tatortfotografie in Populärkultur und Kunst
In der Populärkultur gibt es indes keine Diskussion um den (objektiven) Status der Fotografie. Im Internet auf Plattformen wie crimescene.com (seit 1995), true-crime-story.de (seit 2013) oder crimemuseum.org (seit 2015) breitete sich eine Tatort- und True Crime-Folklore aus. Abgeschlossene oder unaufgeklärte Kriminalfälle werden dort neu erzählt und mit Tatortfotografien und anderem Bildmaterial oft ungeklärter Herkunft illustriert. Im Verständnis von Laien können die verschiedensten Motive zu Tatortfotografien erklärt werden. Auf der Bildebene ist nicht zu unterscheiden, ob diese Fotografien von Blutspritzern, beschädigten Türen, Körpern in Blutlachen, Patronenhülsen etc. tatsächlich aus Polizei-Archiven stammen, bearbeitete Fotos von Journalisten oder gestellte/gefakte Fotografien sind. Generell wird die Fotografie zum Zeichen einer sozusagen verbürgten Authentizität, wodurch ein Hype um True Crime, wahre Kriminalgeschichten angeheizt werden soll.

Bereits in den 1920er Jahren wurden von surrealistischen Künstlern kriminologische Zeitschriften und deren Tatortfotos ausgewertet und z.B. in der Zeitschrift *Minotaure* neu kontextualisiert. Für Künstler wie Otto Dix, George Grosz, Erich Wegner, Rudolf Schlichter und Hans Bellmer waren polizeiliche Dokumente inspirierende Vorlagen für ihr künstlerisches Schaffen gewesen. Auch Walter Benjamin hat 1931 in seinem Aufsatz »Kleine Geschichte der Photographie« Eugène Atgets Aufnahmen von Pariser Straßenszenen und Architektur mit Tatortfotografien verglichen. Allgemeiner fragte er rhetorisch: »Aber ist nicht jeder Fleck unserer Städte ein Tatort? nicht jeder ihrer Passanten ein Täter? Hat nicht der Photograph [...] die Schuld auf seinen Bildern aufzudecken und den Schuldigen zu bezeichnen?«

Künstler wie der in Belgien geborene Luc Sante und der US-Amerikaner Joel-Peter Witkin haben in den frühen 1990er Jahren historische Tatortfotografien (1914–1935) der New Yorker Polizei buchstäblich aus dem Müll gerettet, reproduziert und in einen neuen Zusammenhang der symbolischen Imagination gebracht. Wohin führt diese Bilderwanderung? Sollen diese *scenes of crime* uns schockieren, sollen sie für eine bizarre Ästhetik des Todes im Angesicht von Verbrechen werben? Sante sieht in den Tatortfotos die Repräsentation einer besonderen Wahrheit. Im Vergleich zu anderen bekannten Toten-Darstellungen aus Krieg oder Konzentrationslagern, die oft eine Funktion der Anklage, der Erinnerung oder des Triumphes haben können, seien die polizeilichen Leichenfotos affektlose Aufzeichnungen ohne Mission. Diese Unmittelbarkeit des Todes würde die Faszination ausmachen, die wiederum der Faszination für Schock und Darstellung des Bösen in unserer Kultur diene.

Witkin vermischt historische Tatortfotos mit historischen Fotografien von körperlichen Verwachsungen, Geisteskranken und pornografischen Szenen zu einem Panoptikum von Outsidern und ungewöhnlichen Aufsichten. Der Künstler erzeugt eine Rätselhaftigkeit, die er als einen »unerträglich intimen Blick« charakterisiert, eine Intimität, die die Leichen geradezu real erscheinen lassen würde. Schließlich ist zu fragen, ob nicht jede Tatortfotografie oder jene Szenen des Alltags, die im Benjaminschen Sinne als Tatorte ausgewiesen werden, mit den Vorstellungen von Authentizität und Intimität operieren und sie deshalb für uns so geheimnisvoll, symbolisch, phantasieanregend erscheinen.

Gegenwärtige Tatortfotografien der Polizei gelangen nicht in die Öffentlichkeit, sie sind nur für die Augen von Spezialisten gedacht und außerdem im Sinne der Kriminalistik nur von Experten lesbar und auswertbar. Darüber hinaus sind sie Teil einer Kriminalakte, die dem Strafverfahren dient und geregelten Sperrfristen unterworfen ist. Der Berliner Fotograf Patrik Budenz durfte zwar bei Tatortbegehungen in Berlin 2015/16 dabei sein, bekam aber strikte Auflagen, die seine künstlerische Annäherung einschränkten: Es durfte nur ins Bild genommen werden, was einen Wiedererkennungseffekt ausschloss, Übersichts- oder Teilübersichtsaufnahmen mussten vermieden werden und letztlich musste jedes einzelne Foto von beteiligten Kriminalisten als unbedenklich für eine Ausstellung genehmigt werden. Die Polizei entschied also hier, was wissenschaftlich-kriminalistisch einem geschützten Bereich angehört und was als Kunst der Öffentlichkeit gezeigt werden kann.

Aus der Fotoserie »Vestigo«
von Patrik Budenz

Budenz' Tatortfotografie setzt bei der Detailaufnahme an, d.h. jener Fokussierung auf
Kleinigkeiten, die im Rahmen der Polizeiarbeit die Spurenaufnahme darstellen. Eine
konkrete Tat- oder Tatortort-Identifizierung
für ein Publikum ist nicht möglich. Seine Serie beschäftigt sich in erster Linie mit Spuren
von Verbrechen und deren Folgen: ver-
schnürte Seile, tote Fliegen und Maden auf
Teppich, Blutspuren auf Tapete, Fliesen, Bal-
kongeländer, Holzdielen, blutverschmierte
Kleidungsstücke. Durch Hände oder Hinter-
kopf im Bild, den Teil einer Anrichte oder ein
demoliertes Klo, wird der Ausschnitt etwas
größer und provoziert eine wilde Fantasie.
Und das Serielle dieser Spuren-Aufnahmen
ruft eine Imagination über die unheilvollen
Geschichten auf, die zu diesen Blutspuren
führten. Phantasien über Abgründe und Bö-
ses, die sich hier verbergen, werden aber erst
durch den Bildtitel oder die Bildlegende – wie
Benjamin es ansprach – zum wesentlichen
Bestandteil der Aufnahme. Das heißt, die Tatortfotografie, ganz gleich ob sie dem Strafverfahren oder der ästhetisch-künstlerischen
Reflexion dient, wird als solche in den Blick
genommen, wenn sie entsprechend unterti-
telt ist und in einem Kontext wie entweder
den der Strafakte oder den der Ausstellung
erscheint. Dann wird jede Blutspur, Made, Be-
schmutzung zu einem bedeutungsschweren
Detail, das sich vorgeblich authentisch zu einer Geschichte dazu verhält.

PROF. DR. SUSANNE REGENER
LEHRSTUHL FÜR MEDIENGESCHICHTE/
VISUELLE KULTUR, UNIVERSITÄT SIEGEN

Literatur

Walter Benjamin, Das Kunstwerk im Zeitalter seiner tech-
nischen Reproduzierbarkeit, 7. Aufl., Frankfurt Main 1974.
Waldemar Burghard (Hg.), Kriminalistik-Lexikon, 3. Aufl.,
Heidelberg 1996, Stichwort »Tatortfotografie«.
Axel Dossmann/Susanne Regener, Fabrikation eines Ver-
brechers. Der Kriminalfall Bruno Lüdke als Mediengeschichte,
Leipzig 2017 (im Erscheinen).
A[lfredo] Niceforo, Die Kriminalpolizei und ihre Hilfs-
wissenschaften, eingeleitet und erweitert von H. Lindenau,
Groß Lichterfelde-Ost o.J. um 1908.
Susanne Regener, Verbrechen, Schönheit, Tod. Tatortfoto-
grafien, in: Fotogeschichte. Beiträge zur Geschichte und
Ästhetik der Fotografie, Jg. 78 (2000), S. 27-42.
Gustav Roscher, Großstadtpolizei. Ein praktisches Handbuch
der deutschen Polizei, Hamburg 1912.
Luc Sante, Evidence, New York 1992.
Ulf Steinert, Kriminalistische Tatortarbeit/Erster Angriff,
Lehrmaterial der Fachhochschule der Polizei des Landes
Brandenburg, 2010, unter:http://www.gletschertraum.de/
Lehrmaterialien/06Angriff_Skriptum.pdf (28.7.2016)
Joel-Peter Witkin, Harms Way. lust & madness, murder &
mayhem, Santa Fe 1994.

COMPUTERTOMOGRAPHISCHE BILDGEBUNG IN DER RECHTSMEDIZIN

Die Rechtsmedizin leistet in der juristischen Beurteilung von Todesermittlungsverfahren einen wesentlichen Beitrag. Durch Anwendung medizinischer Untersuchungstechniken und des Fachwissens über das Entstehen von Verletzungen differenzieren Rechtsmediziner zusammen mit den Ermittlungsbehörden zwischen Tötungsdelikten, tödlichen Unfällen, Suiziden oder plötzlichen Todesfällen aus unklarer Ursache. Nach Vorliegen der Untersuchungsergebnisse werden (rechts-)medizinische Gutachten für medizinische Laien (Kriminalbeamte, Staatsanwälte, Strafverteidiger und Richter) verfasst, um diesen ein möglichst objektives »Bild« eines komplexen Sachverhalts, welches einem so genannten Augenscheinbeweis nahe kommt, möglich zu machen.

Bereits der österreichische Gerichtsmediziner Eduard Ritter von Hofmann postulierte in seinem in der zweiten Hälfte des 19. Jahrhunderts erschienenen Werk »Lehrbuch für Gerichtliche Medizin« »eine vollständige und treue Anschauung des besichtigten Gegenstandes«. Er führt jedoch wenig später aus, dass »die beste Beschreibung [...] einen Ersatz für die eigene Wahrnehmung nicht bieten [kann].« In rechtsmedizinischen Lehrbüchern des 19. Jahrhunderts findet sich zudem die Empfehlung, dem Sektionsprotokoll Zeichnungen für das Gericht beizulegen,

denn das Bild spielt in der menschlichen Wahrnehmung und der Erfassung von komplexen Sachverhalten eine zentrale Rolle. Redewendungen wie »Jemanden ins Bild setzen« oder »sich ein Bild machen« zeigen dieses im täglichen Leben.

Während die Rechtsmedizin zur Vermittlung von Sachverhalten, Zusammenhängen und Befunden im Wesentlichen Wort und Schrift nutzt, bieten medizinische, bildgebende Verfahren, die bislang jeweils vor einer Obduktion durchgeführt werden, neue Möglichkeiten. Die Obduktion erfolgt oft sehr früh in einem Todesermittlungsverfahren und die Gesamtzusammenhänge der Todesumstände sind häufig zum Obduktionszeitpunkt nicht vollständig erfassbar. Eine Obduktion beginnt üblicherweise mit einer äußeren Besichtigung des Leichnams und anschließender Öffnung und Inspektion der drei Körperhöhlen (Schädelhöhle, Brusthöhle und Bauchhöhle) und der inneren Organe. Gegebenenfalls wird eine umfangreiche Präparation des Weichgewebes und des Skelettsystems durchgeführt.

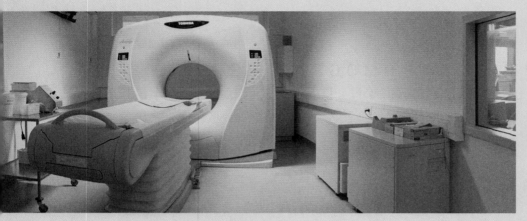

CT-Raum des Instituts für
Rechtsmedizin der Charité

Das Obduktionsprotokoll wird unmittelbar nach der Obduktion erstellt und enthält einen rein befundbeschreibenden Abschnitt und eine gutachtliche Stellungnahme. Es stellt für das weitere Todesermittlungsverfahren eine weichenstellende Urkunde dar, der nahezu ein objektiver Beweiswert zukommt. Da die Obduktion eine zerstörende Untersuchungsmethode ist und die einzelnen Oduktionsschritte nicht rückgängig zu machen sind, ist zum Beispiel bei neuen Ermittlungsergebnissen eine Nachbegutachtung (z.B. Nach-Sektion oder Exhumierung) nur mit deutlich erschwerten Bedingungen und nur in Ausnahmefällen möglich. In der Regel kann hierdurch lediglich eine Plausibilitätsprüfung des ersten Sektionsprotokolls erfolgen.

Die Computertomographie, ein radiologisches Schnittbildverfahren, ermöglicht eine untersucherunabhängige, submillimetergenaue Dokumentation des gesamten Körpers ohne den Körper zu zerstören. Diese Datensätze stehen jederzeit für eine erneute Beurteilung zur Verfügung. Ferner lassen sich aus den generierten Datensätzen abstrakte, jedoch exakte Darstellungen von Befunden und Verletzungen rekonstruieren.

Dieses spielt insbesondere bei gewaltintensiven Tötungsdelikten eine entscheidende Rolle, da hier eine blutfreie und für den medizinischen Laien verständlichere Form der Befundvermittlung möglich ist. Es ist ferner bei Delikten mit rekonstruktiven Fragestellungen – auch Jahre nach der Tat – möglich, neue Erkenntnisse (z.B. mögliche Tatwaffen oder durch Geständnis bekannt gewordene Tatabläufe) mit den Befunden am Leichnam zu vergleichen.

Eine intensive Erforschung und Nutzung dieses Verfahrens zur Befundsicherung, -interpretation und -darstellung für den medizinischen Laien erfolgt seit Ende des 20. Jahrhunderts. Im Berner Institut für Rechtsmedizin bildete sich in dieser Zeit die Forschungsgruppe VIRTOPSY®, die die Evaluierung und Etablierung von bildgebenden Verfahren in der Rechtsmedizin maßgeblich beeinflusst hat. Seitdem findet die postmortale Schnittbildgebung in einer wachsenden Anzahl von Instituten weltweit Anwendung. Belegt durch zahlreiche wissenschaftliche Arbeiten wird insbesondere die Computertomographie im forensischen Alltag als Ergänzung zur Obduktion eingesetzt. Das Berliner Institut für Rechtsmedizin der Charité – Universitätsmedizin Berlin besitzt seit 2011 einen Computertomographen und hat seitdem über 2000 postmortale Computertomographieuntersuchungen (PMCT) als Ergänzung zur Obduktion durchgeführt.

Schwerpunktmäßig findet das Verfahren in Berlin bei Verdacht auf ein Tötungsdelikt, bei tödlichen Verkehrsunfällen, Kindstodesfällen und unbekannten Toten sowie bei ausgewählten Todesfällen mit rekonstruktiven Fragestellungen Anwendung.

Insbesondere nicht-reproduzierbare Befunde, wie z.B. eine todesursächliche Luftembolie des Herzens nach einer Halsstichverletzung, oder kleinere Fremdkörper, wie Geschossfragmente können so gesichert werden. Des Weiteren können Befunde auch zu einem späteren Zeitpunkt (Wochen nach der Obduktion) noch verlässlich ausgewertet werden. Hierbei lassen sich, insbesondere im Hinblick auf Identifizierungen zunächst unbekannter Toter, Vergleiche zwischen den so genannten antemortem Daten und den Leichenbefunden durchführen.

Die Auswertung der postmortal erhobenen Befunde ist nicht gleichzusetzen mit der Befunderhebung bei lebenden Patienten. Postmortale Phänomene wie Leichenflecke (Blut, welches sich der Schwerkraft folgend nach dem Tod in den erdnahen Blutgefäßen und Kapillaren des Leichnams sammelt), führt zu Dichteunterschieden, die beim lebenden Individuum nicht vorhanden sind. Ferner zeigen sich bereits kurz nach dem Todeseintritt erste Fäulnisgasansammlungen. Eine weitere Einschränkung der postmortalen Bildgebung ist der fehlende Blutkreislauf. Eine Gefäßdarstellung (Angiographie), die beim Lebenden die Diagnostik erleichtert und häufig Anwendung findet, ist daher nur mit größerem technischen Aufwand möglich. Als Vorteil gegenüber der klinischen Radiologie an Lebenden erweist sich, dass bei einer postmortalen Computertomographie Untersuchungszeiten, Bewegungsartefakte und Strahlenbelastung von untergeordneter Bedeutung sind.

Zum bisherigen Zeitpunkt findet die postmortale Computertomographie im Todesermittlungsverfahren immer vor der Obduktion und als Ergänzung zu dieser statt, da die Obduktion in der Strafprozessordnung als Untersuchungsmethode festgelegt ist. Ob ein Ersatz der Obduktion durch ein bildgebendes Verfahren in der Zukunft möglich sein wird, wird von den Ergebnissen der Forschungsarbeit auf diesem Gebiet abhängen.

DR. LARS OESTERHELWEG
STELLVERTRETENDER DIREKTOR
DES INSTITUTS FÜR RECHTSMEDIZIN
DER CHARITÉ

"HALT, POLIZEI! TATORT NICHT BETRETEN!"

SPUREN-SICHERUNG

SPURENSICHERUNG
AM TATORT

Am Tatort – dem Ort, an dem ein Täter in Zusammenhang mit einem
Verbrechen gehandelt hat – können häufig nicht nur Spuren von ihm,
sondern auch von seinem Opfer oder tatneutralen Personen gesichert
werden. Im Rahmen des so genannten Ersten Angriffs sperrt die örtlich
zuständige Schutzpolizei den Tatort ab und stellt vorhandene Beweismittel sicher. Bei Verdacht auf ein Kapitalverbrechen (z.B. ein Tötungsdelikt) werden die Ermittlungen von der Kriminalpolizei fortgeführt.
Dazu findet vor Ort schriftlich oder mündlich eine Tatort-Übergabe statt.
Anschließend erfolgt der Auswertungsangriff, welcher vornehmlich
die Spurensicherung und – nach ersten Aussagen von Zeugen – eine
mögliche Tatrekonstruktion beinhaltet. Um spurentragende Bereiche zu
erkennen, zu dokumentieren und zu sichern, stehen den Kriminalisten
zahlreiche Spezialisten mit modernen Gerätschaften zur Verfügung.
Lichtquellen mit speziellen Wellenlängen ermöglichen es, Körperflüs-
sigkeiten, Haare, Fasern, Fingerabdrücke oder Arzneimittel- und Sucht-
giftreste sichtbar zu machen. Der Tatort kann zudem mittels Luftbild-,
Übersichts-, Detail- und Nahaufnahmen sowie durch vollsphärische
Bilder mit 360° x 180°-Rundumblick und 3D-Laserscanner vermessen
werden. Wurde am Tatort ein Leichnam aufgefunden, so führt ein
Rechtsmediziner nach Abschluss der Spurensicherungsmaßnahmen
noch vor Ort erste Untersuchungen durch, um die Todeszeit und die
Todesursache zu bestimmen. Einschätzungen des Verletzungsmusters
können Hinweise auf das mögliche Tatwerkzeug und den Tathergang
liefern.

DAS KRIMINAL–KOMMISSARIAT

Die Kriminalpolizei (Kripo) ist eine spezielle Abteilung der Polizei. Sie beschäftigt sich mit der Verfolgung und Aufklärung von Straftaten sowie ihrer Verhütung. Häufig handelt es sich um Kapitalverbrechen, wie z. B. Tötungs- und Sexualdelikte, schweren Raub oder Geiselnahmen. Um den schnellen Ermittlungserfolg sicherzustellen, werden bei bedeutenden Straftaten oder Entführungs- und Vermisstenfällen Sonderkommissionen (SoKo) eingerichtet. Die Mordkommission bearbeitet ausschließlich Tötungsdelikte, Suizide oder Fälle von schwerer Körperverletzung. Die Dienststellen der Kripo nennt man Kommissariate. Dort arbeiten jeweils zwischen 8 und 20 Polizisten. Sie leiten von dort ihre Ermittlungen, führen Vernehmungen durch und veranlassen Durchsuchungen oder Festnahmen. An oberster Stelle steht, Spuren zu sichern und mithilfe wissenschaftlicher Methoden auszuwerten. Beteiligte Experten der Kriminaltechnik, der Rechtsmedizin oder der operativen Fallanalyse (»Profiling«) können Hinweise auf den Ablauf eines Tatgeschehens oder das Motiv eines Täters geben. Alle ermittlungsrelevanten Informationen eines Falles – Fotos von Beteiligten, Beweismittel, Spuren vom Tatort und weitere Informationen – werden auf einem Fall-Board gesammelt und miteinander in Verbindung gebracht. Auf diese Weise werden den Ermittlern Zusammenhänge besser deutlich. Nach Aufklärung einer Straftat werden die Akten an die Staatsanwaltschaft übergeben. Dort entscheidet sich, ob ein Fall vor Gericht verhandelt wird.

SPURENBILDER

Die Lehre von den Spuren heißt Spurenkunde. Das Spurenbild entsteht durch die Gesamtschau der Spuren. Nach Abschluss der polizeilichen Ermittlungen werden alle Spuren als Beweismittel und als Spurensicherungsbericht der Staatsanwaltschaft übergeben.

→ Spurenerschließung
→ Spurensuche
→ Spurenschutz
→ Spurensicherung
→ Spurenauswertung

MAKROSPUREN | MIKROSPUREN

ECHTE SPUREN

»Spuren im kriminaltechnischen Sinn sind sichtbare oder latente materielle Veränderungen, die im Zusammenhang mit einem kriminalistisch relevanten Ereignis entstanden sind und zu dessen Aufklärung beitragen können.«
(Grundlagen der Kriminaltechnik I, Frings/Rabe)

FINGIERTE SPUREN

Alle Spurenarten, die absichtlich verursacht worden sind, um von anderen Spuren abzulenken, Ermittler auf eine falsche Fährte zu führen oder eine Straftat vorzutäuschen.

TRUGSPUREN

Spuren, die in keinem Zusammenhang zur Tat oder dem Tatort stehen. Sie können bereits vorher entstanden oder später hinzugekommen sein.

FORMSPUREN

Dreidimensionale bzw. plastische Formveränderungen, die Rückschlüsse auf die Art des verursachenden Objekts (z.B. Tatmittel) zulassen

Abdrücke
→ Abdruckspur durch Schuhsohle

Eindrücke
→ Reifenabdruck in weicher Erde

Gleitriefen
→ Schürfspur
→ Ziehspur
→ Schartenspur
→ Anwendung einer Brechstange

Schnitte
→ Anwendung von Schnittwerkzeugen

Brüche und Risse
→ Trennung von festen Stoffen durch Druck, Schlag, Explosion oder Brand

Passspuren
→ Einzelne Teile als Passstück zusammengesetzt (Glasscherben)

MATERIALSPUREN

Substanzen deren Zusammensetzung oder stoffliche Eigenschaften kriminalistische Schlüsse zulassen
→ gasförmig
→ fest
→ flüssig

Rückstände eines Gegenstandes
→ Abriebe
→ Anriebe
→ Späne

Beispiele
→ Schussspuren
→ Textile Spuren
→ Haare
→ Körperzellhaltige Spuren
→ Toxikologische Spuren
→ Glas-, Lack-, Metall- und Kunststoffspuren
→ Boden-, Schmutz- und Pflanzenspuren sowie mikrobiologische Spuren
→ Mineralölprodukte

SITUATIONSSPUREN

Lassen Rückschlüsse auf Art der Entstehung zu und dienen der Rekonstruktion des Tathergangs

Beispiele
→ Geöffnete Fenster und Türen
→ Ladezustand von Waffen
→ Durchsuchte Schränke
→ Lage und Stellung von Möbeln
→ Totenstarre und Leichentemperatur
→ Insekten
→ Daten (Computer, Speicherzustände)

SPURENVERURSACHER

sind alle Subjekte und Objekte sowie die Umwelt, die kriminalistisch verwertbare Veränderungen bewirkt haben.

SPURENTRÄGER

sind Subjekte oder Objekte, an denen sich eine Spur befindet.

Ein Spurenverursacher kann gleichzeitig auch ein Spurenträger sein!

SPURENKOMPLEX

Mehrere unterschiedliche Spuren an einem oder mehreren Spurenträgern (z.B. Blut und Fingerabdrücke auf einem Tatwerkzeug)

SPURENÜBERKREUZUNGEN

Entstehen bei intensivem Kontakt zwischen Spurenträger und Spurenverursacher (z.B. zwischen Opfer und Täter)

ÜBERTRAGUNGSMERKMALE EINER SPUR

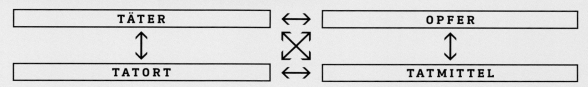

GEGENSTANDSSPUREN

→ Anhaftungen an Gegenständen und gegenständlichen Spurenträgern. Das Vorhandensein an einem bestimmten Ort kann von besonderer Bedeutung sein.

→ Der Gegenstand selbst kann die Spur sein. Die nachgewiesene Zuordnung zu einer Person kann den Ausgang eines Strafverfahrens beeinflussen.

Beispiele
→ Am Tatort zurückgelassenes Tatmittel

DAKTYLOSKOPISCHE SPUREN

→ Fingerabdrücke
→ Handflächenabdrücke
→ Fußsohlenabdrücke

BÄBISTUBEN –
DIE ZÜRCHER
TATORTMODELLE

Bäbistuben sind originalgetreue Nachbauten von echten Tatorten samt Miniaturmöbeln, Tatwaffen, Blut und Leichen. Die Modelle wurden angefertigt, um dem Gericht eine klare Vorstellung vom Ort des Verbrechens zu geben. Sie dienten ebenfalls als anschauliche Lehrobjekte in der Ausbildung von Medizinstudenten oder angehenden Rechtsmedizinern. Jeder Fall ist in einer Mappe ausführlich schriftlich dokumentiert. Darin finden sich Informationen zum Tat- oder Fundort, durchgeführten kriminaltechnischen Untersuchungen und den Ergebnissen der rechtsmedizinischen Obduktion. Anhand dessen sollten die Mediziner den genauen Tatumständen und möglichen Todesursachen auf die Spur kommen. Jaques Bürgi, langjähriger Präparator am Institut für Rechtsmedizin der Universität Zürich und ausgebildeter Möbelschreiner, baute zwischen 1970 und 1985 neun dieser Modelle echter Tatorte nach.

Suizid durch scharfe Gewalt

An einem Vormittag wird ein Lokalbesitzer tot und blutüberströmt im Büro hinter seiner
Bar aufgefunden. Eine Kellnerin hatte das verschlossene Lokal mit einem Zweitschlüssel
geöffnet. Der Schlüssel des Besitzers befindet sich im Büro, ein dritter ist unauffindbar.
Das Bürofenster ist leicht geöffnet, der Rollladen heruntergezogen und gesichert. Im Ar-
beitszimmer herrscht große Unordnung. Während der ersten Leichenschau vermutet der
Rechtsmediziner den Eintritt des Todes im Verlauf des frühen Morgen. Lebend wurde
der Wirt das letzte Mal um 00.30 Uhr gesehen. An beiden Handgelenken des Toten klaffen
tiefe Schnittwunden, ein abgeschliffenes Fleischermesser liegt neben ihm am Boden.
Die Autopsie stellt als Todesursache Verbluten nach Durchtrennung der Schlagader am
rechten Handgelenk fest. Die Polizei sichert im ganzen Zimmer Fingerabdrücke und sucht
nach Blutspuren an Fensterbrett und Türklinke, kann aber keine Auffälligkeiten feststellen.

Ermittlungsergebnisse
Während der Ermittlungen zur Vorgeschichte des Verstorbenen stellt sich
heraus, dass dieser vor sechs Monaten nach tätlichen Auseinandersetzungen
zum zweiten Mal geschieden worden war. Seither führte der Wirt einen unsteten
Lebenswandel: Er wechselte ständig seine Beziehungen, konsumierte immer
mehr Alkohol und verschuldete sich zunehmend. Hinweise auf Fremdeinwirkung ergeben sich nicht, die Gesamtumstände sprechen für einen Suizid.

Raubmord nach Zechtour

Während der Löscharbeiten eines Wohnungsbrandes finden Feuerwehr und Polizei den toten 58-jährigen Bewohner am Boden auf dem Bauch liegend, die Hände vor das Gesicht gepresst. Seine Hosen sind bis zur Kniekehle heruntergezogen und Gesäß sowie Oberschenkel großflächig mit Kot verschmutzt. Dem hinzugerufenen Rechtsmediziner fallen hellrote Totenflecken am gesamten Körper auf. Um den Hals des Verstorbenen ist eine Pyjamajacke fest verknotet. Sein Gesicht ist aufgedunsen, blau-rot verfärbt sowie blut- und rußverschmiert. Die Augenbindehäute sind stark gerötet und weisen Blutaustritte auf. Um sein rechtes Handgelenk ist eine Krawatte geschlungen, die mit der vom Toten getragenen Krawatte verknotet ist. Während der Autopsie werden eine Kehlkopffraktur, eine tiefe Strangfurche sowie eine Risswunde an der rechten Augenbraue festgestellt. In der Luftröhre und den Bronchien ließ sich kein Ruß finden. Im Blut werden eine hohe 75%ige Kohlenmonoxydsättigung sowie 1,6 Promille Alkoholgehalt nachgewiesen.

Ermittlungsergebnisse

Nach einem Fahndungsaufruf meldet sich ein 29-jähriger Mann und gibt an, mit dem Verstorbenen am Abend vor seinem Tode in einer Kneipe getrunken zu haben. Während des Verhörs verwickelt er sich in Widersprüche und legt schließlich ein Geständnis ab: Er brachte das betrunkene Opfer in der Tatnacht in die Wohnung, legte den Mann auf dem Sofa ab und schlug ihm mit einem Gehstock auf den Kopf. Er fesselte ihn mit dessen Krawatte und drosselte ihn mit einem Pyjamaoberteil; außerdem würgte er ihn mit den eigenen Händen. Danach streute der Täter dem Opfer Pfeffer in die Augen und durchsuchte die Wohnung nach Geld. Um die Tat zu vertuschen, legte er unter dem Sofa ein Feuer, das sich aber nur zu einem Schwelbrand entwickelte. Als er schließlich die Wohnung verlässt, liegt sein Opfer in Rückenlage auf dem Sofa. Die Rekonstruktion des Tatgeschehens ergab, dass das verletzte Opfer vermutlich erwachte und versuchte, sich vom Brandherd zu entfernen. Möglicherweise wollte der Mann zur Toilette und hatte deshalb die Hose halb heruntergelassen. Dabei fiel er zu Boden und verstarb an einer Kohlenmonoxydvergiftung.

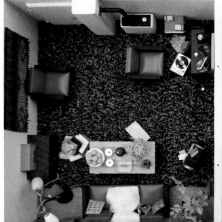

Paradoxes Entkleiden

An einem Januarmorgen wird eine unbekannte, stark abgemagerte Frauenleiche nackt
im Schnee an einem Waldweg aufgefunden; zeitgleich stoßen Spaziergänger einen
Kilometer entfernt auf Frauenkleider. Die Außentemperatur liegt bei minus 3°C. Der
hinzugerufene Rechtsmediziner stellt um 10.30 Uhr am Leichnam hellrote Totenflecke
und eine kräftig ausgebildete Totenstarre fest. Die Körperkerntemperatur beträgt 10°C.
Bei der Obduktion zeigen sich Blutungen der Magenschleimhaut, im Bereich der Ober-
schenkel- und Lendenwirbelsäulenmuskulatur und im Nebennierenmark. Außerdem
fallen Kälteflecken an den Knien auf. Im Blut der Frau lassen sich weder Drogen oder
Medikamente noch Alkohol nachweisen.

Ermittlungsergebnisse

Mithilfe der Kleidung ist es möglich, die Tote zu identifizieren. Die Ermittlungen
zeigen, dass die Frau bereits vier Jahre zuvor in verwirrtem Zustand mehrere Stunden
durch einen verschneiten Wald gelaufen und daraufhin in eine Psychiatrische Klinik
eingewiesen worden war. Diagnose: paranoide Schizophrenie. In der besagten Nacht
zieht sich die Frau in geistig verwirrtem Zustand Kleider und Schuhe aus und begibt
sich nackt in den Wald. Trotz ihrer schlechten körperlichen Verfassung schafft sie es,
einen Kilometer durch den Schnee zu laufen, bevor sie zwischen 2.00 und 6.00 Uhr
erfriert. Hinweise auf Fremdeinwirkung ergeben sich nicht und auch ein Suizid kommt
nicht Betracht. Letztlich ist von einem unfallmäßigen Erfrierungstod im Rahmen ihrer
psychischen Erkrankung auszugehen.

SPÜRHUNDE SIND SPEZIELL AUSGEBILDETE TIERE, DIE INSBESONDERE BEI DER POLIZEI EINGESETZT WERDEN. SIE SIND IN DER LAGE, BESTIMMTE GERÜCHE ZU ERKENNEN UND ZU VERFOLGEN. EIN ANGEBORENER, STARK AUSGEPRÄGTER BEUTETRIEB, LERNFÄHIG-KEIT UND NEUGIER SIND UNENTBEHRLICH FÜR EINEN GUTEN SPÜRHUND.

S

HUN

02

Während der Ausbildung, aber auch bei späteren wiederkehrenden Übungen wird mit so genannten Duftspuren gearbeitet. Je nach Art des Fundes (Sprengstoff, Drogen, Blut o.Ä.) erlernen Spürhunde bestimmte Anzeigeverhalten. Dazu zählen das Verbellen, Kratzen oder Absitzen. Nachdem sie grund-legende Verhaltensmuster wie Gehorsam beherr-schen, liegen die Hauptaufgaben der Diensthunde in der Suche nach lebenden oder toten Vermissten, im Aufspüren von Beweismitteln oder in der geziel-ten Suche nach einem Verdächtigen. Ihre Einsatz-möglichkeiten sind dabei vielfältig und reichen von der Fährtensuche über das Aufspüren von Spreng-stoff, Drogen, Brandmitteln, Banknoten bis zum Einsatz als Blut- und Leichenspürhund.

PÜR_R DE

Als Welpen bei speziellen Züchtern angekauft und auf ihre gesundheitliche Eignung getestet, werden sie offiziell in den Polizeidienst aufgenommen. Fortan bilden Hund und Hundeführer privat wie dienstlich für viele Jahre eine Einheit. Die Ausbildung dauert, je nach Spezialisierung und Bundesland, zwischen acht Wochen und zwei Jahren. Allgemein werden die Hunde darauf trainiert, sich umweltneutral zu verhalten. Das bedeutet, sich nicht von äußeren Einflüssen (Flughafen oder Straßenverkehr) ablenken zu lassen.

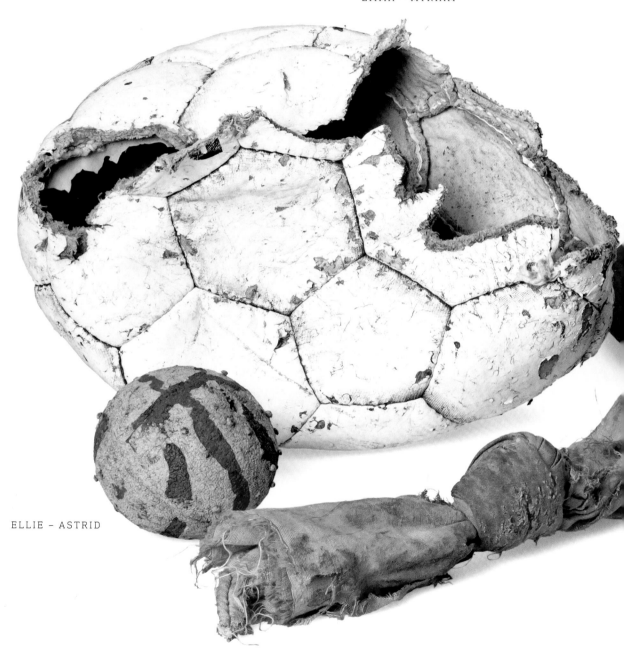

EMMA – MYRIAM

ELLIE – ASTRID

CHILI – IRIS

FRÄULEIN PEIKER – RENÉ

BENJI – KRISTIN

PEPPER – MATTHIAS

DIE ANATOMIE DES HUNDES

Der Hund kann viel besser riechen als der Mensch. Er ist in der Lage, die Muskeln seiner Nase willkürlich zu bewegen und die Nasenlöcher zu vergrößern. So kann er mehrere Gerüche gleichzeitig aufnehmen. Das eigentliche Riechorgan ist aber die Nasenschleimhaut. Hier werden die Geruchspartikel aufgelöst und einzeln wahrgenommen. Nerven leiten die Sinneseindrücke an das Gehirn weiter. Für die Polizeiarbeit besonders hilfreich ist die Fähigkeit des Hundes zur selektiven Wahrnehmung von Duftgemischen. Das heißt, er kann Teilkomponenten analysieren und diese Duftinformationen speichern, um sie bei Bedarf wieder abzurufen. Deswegen nimmt das Riechhirn beim Hund einen relativ großen Teil des Gehirnvolumens ein.

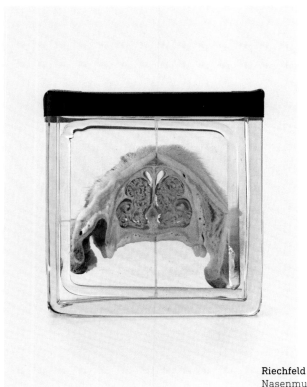

Riechfeld
Nasenmuscheln eines Hundes mit Blick auf die Riechschleimhaut
Institut für Veterinär-Anatomie, Fachbereich Veterinärmedizin der Freien Universität Berlin

Gehirn eines Hundes
Die Auswölbungen am oberen Ende
stellen den beim Hund besonders
ausgeprägten Riechkolben (*Bulbus
olfactorius*) dar.
Institut für Veterinär-Anatomie, Fachbereich
Veterinärmedizin der Freien Universität Berlin

Gesichtsmuskulatur eines Hundes
Institut für Veterinär-Anatomie, Fachbereich
Veterinärmedizin der Freien Universität Berlin

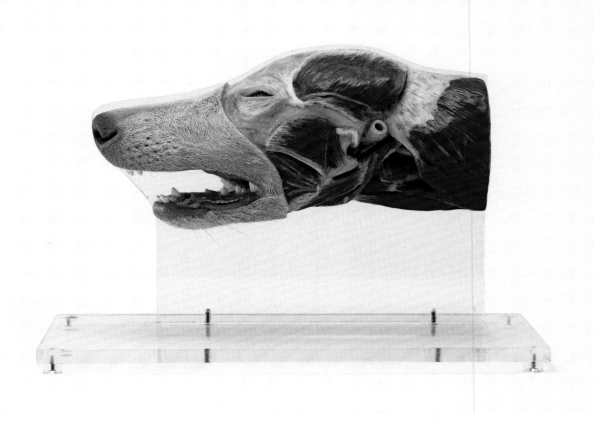

AUSBILDUNG UND TRAINING

Blut- und Leichenspürhund
Ellie, 4 Jahre

Auffinden eines präparierten Kleidungsstücks mit Blut

Freie Suche

Passives Anzeigeverhalten durch Absitzen

Drogenspürhund
Kim, 5 Jahre

Freie Suche

Aktives Anzeigeverhalten durch Bellen

Belohnung durch Spielen

Sprengstoffspürhund
Kira, 5 Jahre

Belohnung durch Spielen

Aktives Anzeigeverhalten durch Kratzen

Belohnung durch Spielen

DUFTSPUREN

Für die Ausbildung von Spürhunden und die sich anschließenden regelmäßigen Übungen werden unterschiedliche Gegenstände und Materialien benötigt. Je nach Spezialisierung des Hundes handelt es sich bei den eingesetzten Geruchsproben um Blut, Drogen, Sprengstoff und vieles mehr. Ein Blutstropfen an einem bestimmten Schuh oder einem T-Shirt, versteckt unter vielen anderen Dingen: So übt der Hundeführer immer wieder mit seinem Tier, das präparierte Objekt zu finden. Nach einer erfolgreichen Suche ist das Spiel die Belohnung und Motivation des Hundes für seine Arbeit. Gefährliche Substanzen, wie Rauschgift oder Sprengstoff, werden dabei so verpackt, dass der Hund gefahrlos damit in Kontakt kommen kann.

**Blutprobe, Drogenproben,
Drogenschnelltests**
Werden durch den Einsatz eines Spürhundes drogenverdächtige Substanzen gefunden, kann der Hundeführer vor Ort einen Schnelltest zur Bestimmung der Drogenart durchführen.

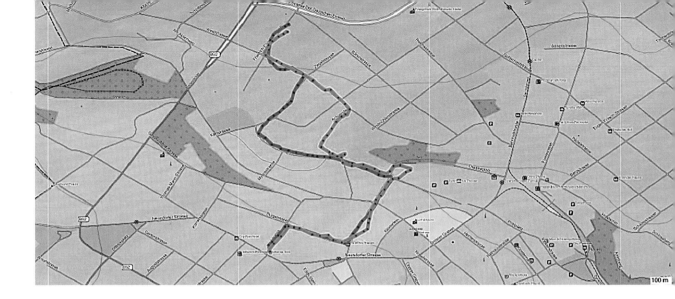

Spurgenauigkeit

Der Einsatz von GPS-Geräten bei der Arbeit von Leichen- oder Personenspürhunden ist keine Ausnahme mehr. Das Gerät ermittelt die genauen Koordinaten einer Spur (Trail) und ermöglicht damit die exakte Wege- bzw. Fundortbestimmung. In unübersichtlichem Gelände oder auf großen Arealen ist der Einsatz eines GPS-Gerätes für die lückenlose Sucharbeit beispielsweise nach vermissten Personen fast unentbehrlich. So genannte Trailaufzeichnungen stellen den Verlauf einer absichtlich gelegten Spur und der tatsächlich durch den Spürhund abgesuchten Route visuell dar. Auch bei einer erfolgreichen Suche muss dabei nicht immer zwingend derselbe Weg genommen werden. So kann es durch Wind und Wetter zu Abweichungen auf dem Trail kommen. In der Regel findet der Spürhund aber wieder auf die gelegte Spur zurück.

Direktion Einsatz Erste Bereitschaftspolizeiabteilung Diensthundeführereinheit

Polizeihauptkommissar Werner Franke
mit Spürwildschwein Luise

Polizeimuseum Niedersachsen

WILDSCHWEIN LUISE

Von 1984 bis 1987 hatte die Polizei in Niedersachsen eine ganz besondere Drogen- und Sprengstoffspürnase: ein Wildschwein namens Luise. Bereits als drei Wochen alter Frischling kam Luise zu dem Polizisten Werner Franke, der den natürlichen Wühl- und Schnüffeltrieb der Wildsau nutzen wollte. Luise lernte verschiedene Rauschgifte und Sprengstoffarten zu erkennen und anzuzeigen. Zusammen mit anderen Spürhunden lebte sie in der Diensthundestaffel und wurde offiziell in den Polizeidienst aufgenommen. In den Akten wurde die 150 Kilo schwere Bache als so genanntes polizeiliches Einsatzmittel unter der Bezeichnung »Spürwildschwein«, kurz SWS, aufgeführt. Während ihres Dienstes erhielt Luise als erstes und bisher einziges Polizeischwein zahlreiche Ehrungen und Fernsehauftritte.

DER ROTE FADEN FALL

1

Bei einem Spaziergang in der Abenddämmerung bringt ein Hund seiner Besitzerin einen ungewöhnlichen Gegenstand. Schnell erkennt sie, dass es sich dabei um einen menschlichen Unterkiefer handelt und verständigt die Polizei. In der hereinbrechenden Dunkelheit lässt sich nur der dazugehörige, bereits skelettierte Schädel auffinden. Für den nächsten Morgen ordnet die Polizei den Einsatz von Leichenspürhunden an. Da die Tiere nur eine bestimmte Zeit so intensiv »arbeiten« können, werden insgesamt drei Hunde nacheinander eingesetzt. Ihre Route wird mit einem GPS-Gerät aufgezeichnet. Weitere Teile des Leichnams finden sich nicht. In der Nähe des Fundorts des Schädels werden jedoch eine bereits stark verwitterte Hose sowie eine Unterhose sichergestellt und als mögliche Beweismittel für weitere Untersuchungen aufbewahrt. Die Vermisstenstelle des Landeskriminalamtes übernimmt die weiteren Ermittlungen.

DIENSTAUTO DER HUNDESTAFFEL

Zum Einsatz kommt immer nur ein Spürhund. Die zeitgleiche Suche durch mehrere Hunde auf einem kleineren Areal ist nicht sinnvoll, da sich die Tiere gegenseitig ablenken könnten.

FREIE SUCHE IM UFERBEREICH DES SEES

ANZEIGEN EINES SUCH-BEREICHES DURCH DIE HUNDEFÜHRERIN

Die links und rechts außen stehenden Personen markieren für den Spürhund die Grenze des Suchbereiches. Der in der Mitte gehende Hundeführer beobachtet genau das Verhalten des Tieres.

FREIE SUCHE IM WALD

71

VON DER ZÜNDUNG DER PATRONE IN EINER
WAFFE BIS ZU IHREM EINTREFFEN IM ZIEL –
DIE KRIMINALISTISCHE BALLISTIK IST DIE
WISSENSCHAFT, DIE ALLE PHASEN EINES
ABGEFEUERTEN GESCHOSSES UNTERSUCHT.

LIS

02

Mit Hilfe mikroskopischer Untersuchungen ab-
geschossener Vergleichsmunition lässt sich das
verfeuerte Geschoss eindeutig einer bestimmten
Schusswaffe zuordnen. Durch die Auswertung aller
ballistischen Spuren ist es möglich, Geschehens-
abläufe bei Verbrechen, Unfällen oder Suiziden zu
rekonstruieren. Dazu werden unter anderem die
Schussrichtung, der Schusswinkel oder der Standort
des Schützen ermittelt.

BAL

01

Abhängig vom zu untersuchenden Vorgang unterscheidet man Innen-, Außen- und Zielballistik. Wird ein Mensch oder Tier verletzt, spricht man von Wundballistik. Jede Waffe hinterlässt an den mit ihr abgeschossenen Projektilen und Hülsen individualtypische Spuren, die quasi als Fingerabdruck der Waffe gelten.

03

Im Beschusslabor bestimmen Sachverständige mithilfe von Hochgeschwindigkeitskameras und Doppler-Radar-Messungen die Auftreffgeschwindigkeit der Projektile. Die Analyse von Schmauchspuren erlaubt Rückschlüsse auf den Schützen sowie Angaben zur Schussentfernung. Neben der genaueren Feststellung der Schussrichtung dienen rechtsmedizinischen Untersuchungen auch der Rekonstruktion der Waffenhaltung und des Einschusswinkels. Wichtig sind überdies die Dokumentation und Bewertung der Verletzungen, die durch ein Geschoss hervorgerufenen worden sind.

TIK

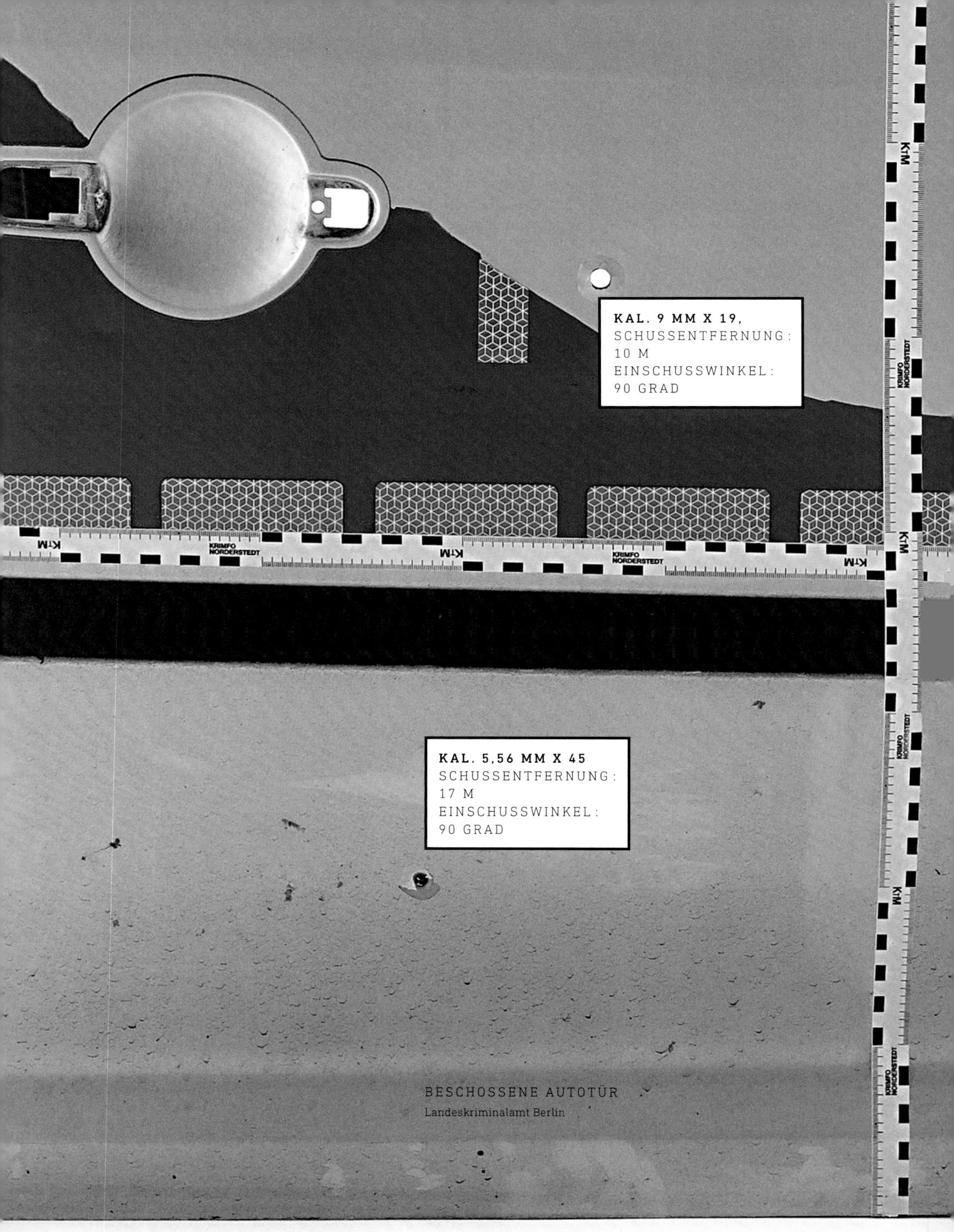

KAL. 9 MM X 19,
SCHUSSENTFERNUNG:
10 M
EINSCHUSSWINKEL:
90 GRAD

KAL. 5,56 MM X 45
SCHUSSENTFERNUNG:
17 M
EINSCHUSSWINKEL:
90 GRAD

BESCHOSSENE AUTOTÜR
Landeskriminalamt Berlin

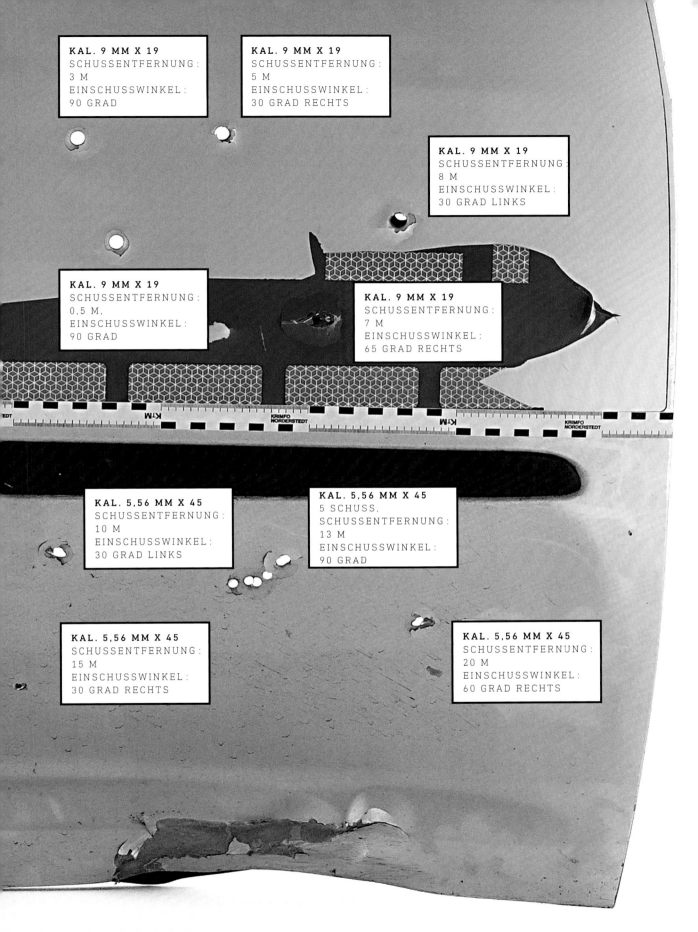

KAL. 9 MM X 19
SCHUSSENTFERNUNG:
3 M
EINSCHUSSWINKEL:
90 GRAD

KAL. 9 MM X 19
SCHUSSENTFERNUNG:
5 M
EINSCHUSSWINKEL:
30 GRAD RECHTS

KAL. 9 MM X 19
SCHUSSENTFERNUNG:
8 M
EINSCHUSSWINKEL:
30 GRAD LINKS

KAL. 9 MM X 19
SCHUSSENTFERNUNG:
0,5 M,
EINSCHUSSWINKEL:
90 GRAD

KAL. 9 MM X 19
SCHUSSENTFERNUNG:
7 M
EINSCHUSSWINKEL:
65 GRAD RECHTS

KAL. 5,56 MM X 45
SCHUSSENTFERNUNG:
10 M
EINSCHUSSWINKEL:
30 GRAD LINKS

KAL. 5,56 MM X 45
5 SCHUSS,
SCHUSSENTFERNUNG:
13 M
EINSCHUSSWINKEL:
90 GRAD

KAL. 5,56 MM X 45
SCHUSSENTFERNUNG:
15 M
EINSCHUSSWINKEL:
30 GRAD RECHTS

KAL. 5,56 MM X 45
SCHUSSENTFERNUNG:
20 M
EINSCHUSSWINKEL:
60 GRAD RECHTS

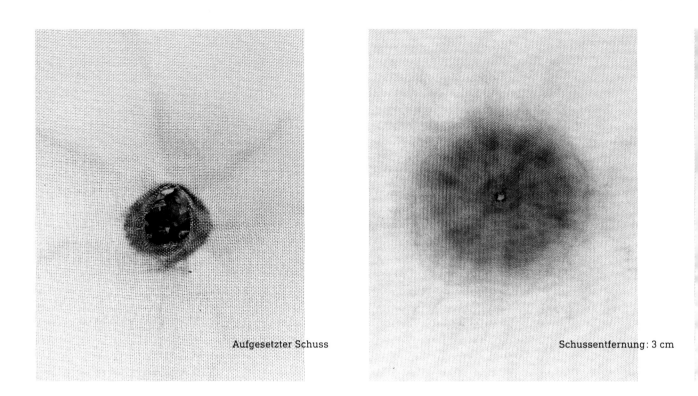

Aufgesetzter Schuss

Schussentfernung: 3 cm

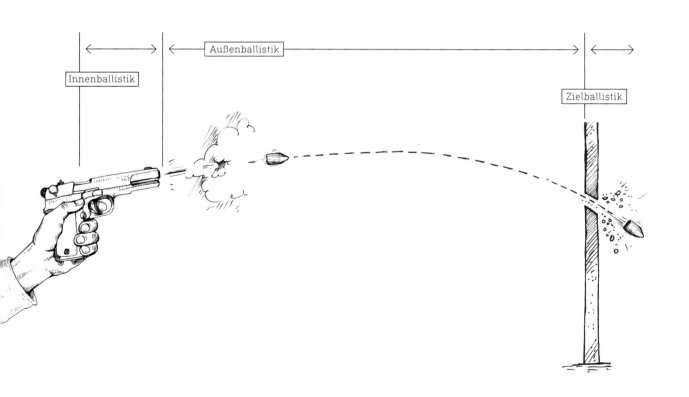

Innenballistik

Außenballistik

Zielballistik

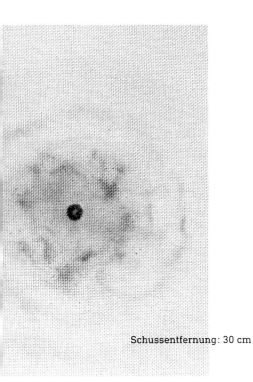

Schussentfernung: 30 cm

Schussentfernung: 5 m

SCHMAUCHSPUREN

Sicherung und Kennzeichnung von Schmauchspuren an der Hand eines Verstorbenen. Es kommen spezielle Klebefolien zum Einsatz, auf denen Markierungen (z.B. Position des Finger-nagels) aufgebracht werden, die eine exakte räumliche Zuordnung zu den untersuchten Stellen ermöglicht. Durch Auslösen eines Schusses treten aus der Mündung neben dem Projektil feinste Schmauch- und Pulverkorn-partikel aus, die sich auf Objekten und Körperpartien, die sich in der Nähe der Waffenmündung befinden nieder-schlagen. Diese Rückstände sind als Schmauchspuren über längere Zeit auf der Hand oder der Kleidung des Schützen nachweisbar. Häufig stellt sich die Frage, ob der Tote den Schuss selbst ausgelöst hat, oder ein mögliches Fremdverschulden vorliegt.

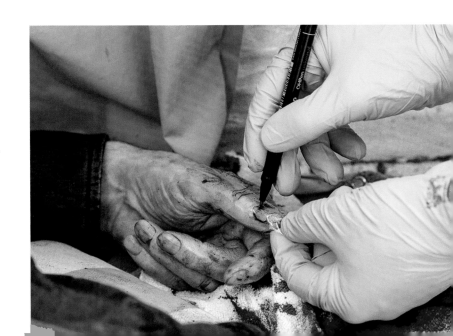

BALLISTISCHE
VERSUCHE

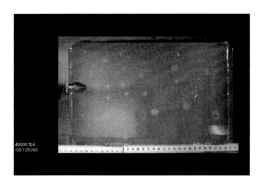 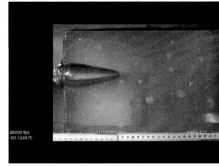

Bei der Durchführung von Schussversuchen werden transparente Gelatine- oder Seifenblöcke verwendet, um spezielle kriminalistische Fragestellungen zu klären. Die Beschaffenheit der Gelatine oder auch in sie eingebettete Materialien simulieren organisches Gewebe, wie Muskeln oder Knochen. Häufig geht es um die Feststellung der Eindringtiefe in ein Gewebe und damit um die Einschätzung des Zerstörungs-potenzials eines Projektils.

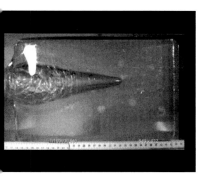
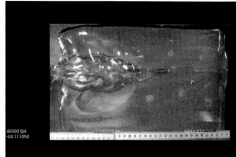
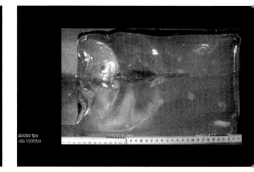

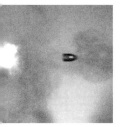

FALL 01

VERSUCHTE TÖTUNG ODER FAHRLÄSSIGE KÖRPERVERLETZUNG?

TOZ Modell 8M – Einzelladergewehr
für Versuchsdurchführung
LKA Berlin Kriminaltechnisches Institut,
Waffen / Munition / Ballistik (LKA KTI 31)

Aus einem Fahrzeug heraus wurde zwei Mal auf einen Mann geschossen. Der erste Schuss traf seine Brieftasche, die er in seiner Brusttasche bei sich trug. Dort blieb das Geschoss stecken. Der zweite Schuss durchschlug seinen Mantelkragen, ohne ihn zu verletzen. Nach Zeugenaussagen konnten zwei Tatverdächtige festgenommen werden. Die Tatwaffe wurde nie aufgefunden. Für die Festlegung des Strafmaßes sollte geklärt werden, ob der erste Schuss, der durch die Brieftasche gestoppt wurde, hätte tödlich sein können. Im Versuch kamen das für die Tat genutzte Kaliber und eine vergleichbare Waffe zum Einsatz. Es wurde aus einer Entfernung von 18 m auf den Seifenblock geschossen. Mit einer Doppler-Radar-Anlage wurde die Geschwindigkeit des Schusses gemessen. Dabei durchschlug das Projektil einen Mantel, ein Sakko und ein Hemd und drang 32 cm in den Seifenblock ein. Die Auswertung des Versuches bewies damit eine tödliche Wirkung des abgegebenen Schusses. Die Angeklagten erhielten hohe Haftstrafen.

Versuchsanordnung
LKA Berlin Kriminaltechnisches Institut,
Waffen / Munition / Ballistik (LKA KTI 31)

Beschossener Seifenblock mit
.22 long rifle-Munition

LKA Berlin Kriminaltechnisches Institut,
Waffen/Munition/Ballistik (LKA KTI 31)

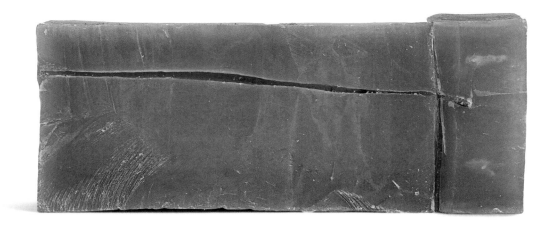

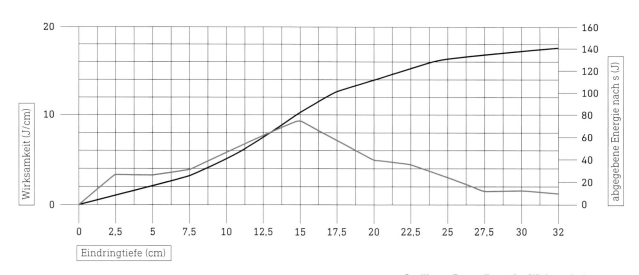

Eindringtiefe (cm)

**Grafik zur Beurteilung der Wirksamkeit
des Schusses**
Das Geschoss hatte beim Auftreffen
eine Geschwindigkeit von ca. 332 m/s
und eine Energie von ca. 141 Joule.
Anhand des Verlaufs der Energie-
abgabe ließ sich berechnen, dass die
Energiedichte nach einigen Zenti-
metern Eindringtiefe ausgereicht
hätte, um einen Knochen zu durch-
schlagen und seine tödliche Wirkung
zu entfalten.

LKA Berlin Kriminaltechnisches Institut,
Waffen/Munition/Ballistik (LKA KTI 31)

FALL 02

SUIZID DURCH STECKSCHUSS

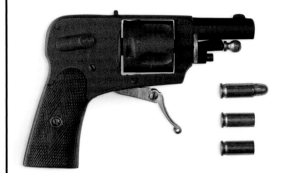

Velodog – Revolver
Die kleinkalibrige Waffe wurde Ende
des 19. Jh. in Frankreich entwickelt.
Sie sollte Spaziergängern und Radfah-
rern bei der Abwehr von streunenden
Hunden helfen.
Institut für Rechtsmedizin der Charité –
Universitätsmedizin Berlin

Eine 64-jährige Frau wird in ihrer Wohnung bewusstlos, schwer atmend
und mit einer Schussverletzung vom Pflegedienst aufgefunden. Ihr Kopf
war mit einem Handtuch bedeckt, die Waffe lag auf ihrer Brust und ein
verschossenes Projektil wurde in der Nähe aufgefunden. Die hinzugerufene
Polizei stellte Schmauchspuren und 2 Durchschussdefekte im Handtuch
fest. Im Wohnzimmer fanden sich zudem mehrere Abschiedsbriefe. Klini-
sche Untersuchungen ergaben einen Einschuss im rechten Schläfenbereich
mit Durchschuss beider Gehirnhälften ohne Austritt des Geschosses. Die
Frau verstarb an den Folgen einer Gehirnblutung mehrere Stunden später.
Die rechtsmedizinischen Untersuchungen ergaben zwei eng aneinander
liegende Einschüsse im rechten Schläfenbereich. Da die Schüsse durch
das Handtuch abgegeben wurden fehlen die typischen Zeichen eines Nah-
schusses auf der Haut, wie Schmauchspuren oder Pulvereinsprengungen.
Die Rekonstruktion des Tathergangs ergab, dass der erste Schuss die Haut
durchdrang, aber am Knochen abprallte (Prellschuss). Der zweite tödliche
Schuss durchschlug den Knochen und blieb im linken Schläfenhirnlappen
stecken.

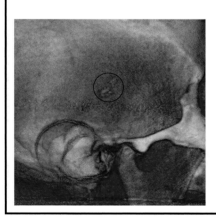

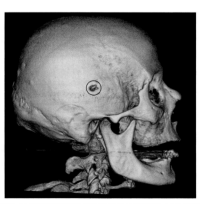

3D-Rekonstruktion
Schädel vor der Obduktion
mit Darstellung zweier Defekte
im rechten Schläfenmuskel
Institut für Rechtsmedizin der Charité –
Universitätsmedizin Berlin

3D-Rekonstruktion
Schädel vor der Obduktion mit
Darstellung eines Schussloches
an der rechten Schläfe.
Institut für Rechtsmedizin der Charité –
Universitätsmedizin Berlin

AUFGESETZTER SCHUSS

Schussbruch des Schädelknochens

Sternförmiger Hautdefekt

Schmauchhöhle

WERKGARTNERsche Stanzmarke (Hautvertrocknung durch Kontakt mit Waffenmündung)

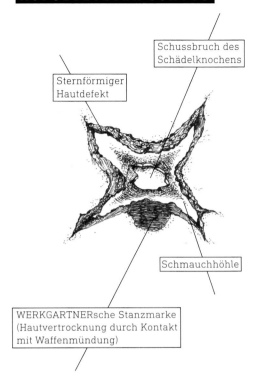

FERNSCHUSS

Schussloch

Schmauchring

Dehnungssaum

Kontusionsring

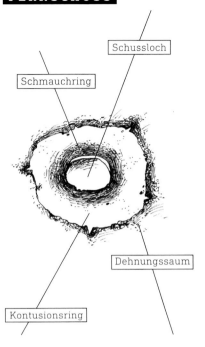

Vergleich der Waffenmündung mit den zwei Einschussdefekten
Hier besteht auf den ersten Blick eine Verwechslungsmöglichkeit mit einem aufgesetzten Schuss.
Institut für Rechtsmedizin der Charité – Universitätsmedizin Berlin

Kreisrunder Einschussdefekt am Schädelknochen
Direkt darüber liegend eine rundliche Eindruckstelle im Knochen verursacht durch das erste abgeprallte Geschoss.
Institut für Rechtsmedizin der Charité – Universitätsmedizin Berlin

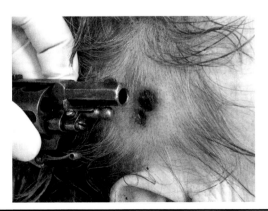

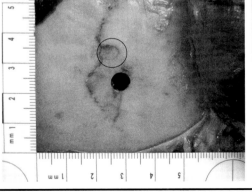

SCHUSSWAFFEN

Trommelrevolver
Doppelläufige Kipplaufpistole
Schreckschusspistole Walther PP
Kal. 9 mm P. A. Knall

Institut für Rechtsmedizin der Charité –
Universitätsmedizin Berlin

Waffenschnittmodell Walther P38
Waffenschnittmodell Makarow

LKA Berlin Kriminaltechnisches Institut,
Waffen / Munition / Ballistik (LKA KTI 31)

Die Verwendung von Schusswaffen im Rahmen von Gewaltverbrechen
oder Suiziden ist in Deutschland, im Vergleich zu den USA oder Süd-
amerika, relativ selten. In einem Jahr kommen hierzulande rund 60
Menschen bei Unfällen und kriminellen Handlungen mit Schusswaffengebrauch ums Leben. Bei etwa 700 Todesfällen durch Schusswaffengebrauch handelt es sich um Suizide. Dabei spielen gelegentlich auch
selbstgebaute Schussapparate oder die Verwendung von Tierbetäu-
bungsapparaten, so genannte Bolzenschussgeräte, eine Rolle. Die
technischen Besonderheiten dieser Waffen zu erkennen und die durch
sie verursachten Verletzungen richtig zu beurteilen, sind wichtig für
die kriminaltechnischen und rechtsmedizinischen Untersuchungen.

Kal. 12/70
Schrotpatrone

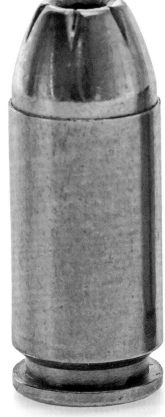

.40 S & W
Hohlspitzgeschoss

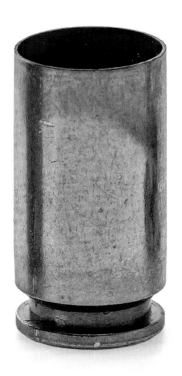

9 mm Luger
Vollmantelgeschoss

.357 Magnum
Teilmantelgeschoss

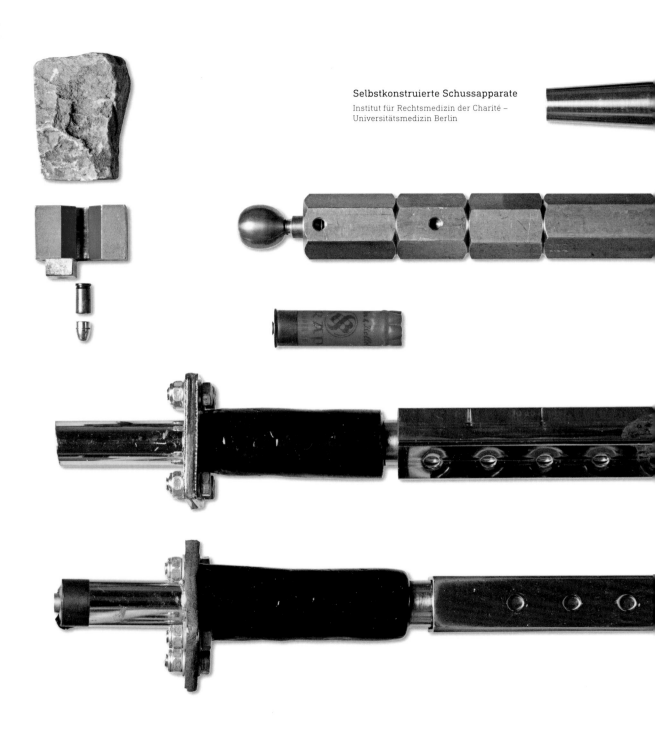

Selbstkonstruierte Schussapparate
Institut für Rechtsmedizin der Charité –
Universitätsmedizin Berlin

Holzprojektil

Dieser angespitzte Holzpflock (Höhe 21 cm) wurde als Munition für eine selbstgebaute Kanone angefertigt. Dafür haben mehrere Männer gemeinsam ein Brunnenrohr umgebaut. Nachdem sich ein Schuss nicht löste, beugte sich einer der Beteiligten über das Rohr um nachzuschauen. Zeitgleich löste ein weiterer erneut und dieses Mal »erfolgreich« aus. Das Projektil traf den Mann tödlich, direkt über dem Herzen.

Institut für Rechtsmedizin der Charité – Universitätsmedizin Berlin

Bolzenschussgeräte

Institut für Rechtsmedizin der Charité – Universitätsmedizin Berlin, Medizinhistorische Sammlungen KSI Leipzig (Abteilung Rechtsmedizin)

BALLISTISCHES TRAUMA

Die Schussverletzung ist eine Sonderform des stumpfen Traumas und wird durch ein Geschoss verursacht, welches aus einer Waffe abgefeuert wird und mit hoher Bewegungsenergie auf einen Körper trifft. Es gibt unterschiedliche Formen von Schussverletzungen. Bei einem Streifschuss wird die Haut des Körpers nur oberflächlich verletzt, bei einem Prellschuss prallt das Geschoss vom Körper, meist an einem Knochen, ab und bei einem Steckschuss bleibt das Projektil im Körper stecken. Beim Durchschuss durchdringt das Projektil den Körper und hinterlässt immer eine Ein- und Ausschusswunde. Häufig verursachen Projektile schwere innere Verletzungen. Treffen sie auf einen Knochen, können sie dadurch von ihrer Flugrichtung abgelenkt werden. Bricht der Knochen dabei, spricht man von einer Schussfraktur.

Tötung der Ehefrau mit einer Pistole D.W. Ortgies Kal. 6,35 mm Brown
Einschussverletzung im Hinterhauptbein mit Verformung des Projektils
Institut für Rechtsmedizin des Universitätsklinikums Halle (Saale)

Einschussdefekt durch Bolzenschussgerät im Stirnbein bei Suizid
Institut für Rechtsmedizin des Universitätsklinikums Halle (Saale)

Kopfsteckschuss durch manipulierte Gaswaffe Kal. 9 mm bei Suizid
Ausschuss mit trichterförmiger Knochenscherbenaussprengung des Schädeldaches im Bereich des linken Stirnbeines. Der Einschuss erfolgte durch die rechte Schläfe.
Institut für Rechtsmedizin der Charité – Universitätsmedizin Berlin

**Schussverletzung durch eine belgische Pistole
KW Kal. 9 mm bei einem Tötungsdelikt**
Ausschuss mit trichterförmiger Erweiterung
nach außen und Entlastungsbruchlinien im
rechten Stirnbein. Der Einschuss erfolgte im
hinteren Schädelbereich.
Institut für Rechtsmedizin des
Universitätsklinikums Halle (Saale)

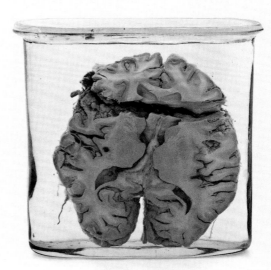

Durchschuss
Durchgehender Schusskanal durch
beide Stirnlappen des Gehirns
Pathologisch-anatomische Sammlung –
Naturhistorisches Museum Wien

BALLISTISCHE IDENTIFIKATION

Um eine Tatwaffe zu bestimmen, werden im Rahmen ballistischer Untersuchungen Verfeuerungsspuren auf Hülsen und Projektilen mikroskopisch untersucht. Die Identifizierung von Schusswaffen anhand verfeuerter Munitionsteile gliedert sich in die Bereiche Systembestimmung und individuelle Identifizierung. Bei der Systembestimmung wird anhand von Gruppenmerkmalen, die jede Waffe desselben Systems (Modells) aufweist, das verwendete Waffenmodell bestimmt. Die individuelle Identifizierung zielt darauf, eine ganz bestimmte Waffe als Tatwaffe zu bestimmen oder auszuschließen. Denn jede Waffe erzeugt Individualspuren auf den aus ihr abgefeuerten Geschossen. Diese stellen sich als Kratz- und Abdruckspuren auf einem Projektil oder einer Hülse dar, die durch verschiedene Waffenteile verursacht wurden. Durch Beschießen einer Waffe wird Vergleichsmaterial (Hülsen und Projektile) gewonnen, das mit der Tatmunition verglichen werden kann. Die Munitionsteile werden unter dem Mikroskop einander optisch gegenübergestellt und auf übereinstimmende Merkmale untersucht.

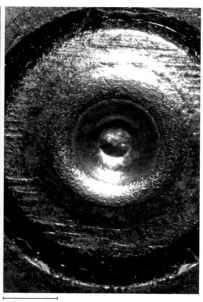

1 µm

Tathülse und Vergleichshülse
Vergleich von zwei unterschiedlichen, aus derselben Waffe verschossenen, Patronenhülsen mit Übereinstimmung ihrer individualtypischen Merkmale
LKA Berlin Kriminaltechnisches Institut, Waffen / Munition / Ballistik (LKA KTI 31)

**Ein Anzündhüdchen, zwei Patronenhül-
sen, ein Geschoss, Kal. 7,65 mm Brown**
Kopfschuss mittels einer 9 mm Pistole
Makarow bei Suizid. Bei der Obduktion
wurde eine Einschussverletzung im
Bereich der rechten Stirn und eine Aus-
schussverletzung im Bereich des linken
Scheitelbeines, jedoch ohne Hautdefekt,
festgestellt. Ungewöhnlicher Weise
fanden sich dort, direkt unter der Kopfschwarte liegend, zwei Patronenhülsen
und ein Projektil. Im Gehirn fand sich
nur ein Schusskanal. Die Untersuchungen der Kriminaltechnik ergaben,
dass der Betroffene die Waffe mit der
falschen Munition beladen hatte. Nachdem die Waffe nicht ausgelöst hatte,
schob das letztlich tödliche Geschoss
zwei Patronen vor sich her. So gelang-
ten die Patronenhülsen neben dem
Projektil in den Kopf.

*Landesinstitut für gerichtliche und soziale
Medizin Berlin*

**3D-Rekonstruktion
des Schädels**
Ansicht von oben mit Darstellung
des Schusskanals

*Institut für Rechtsmedizin der Charité –
Universitätsmedizin Berlin*

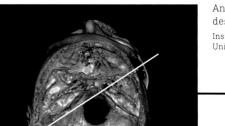

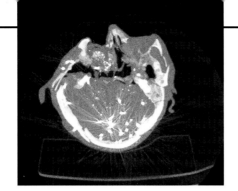

CT-Schnittbild des Kopfes in horizontaler Ebene
Zertrümmerung des Gesichts-
schädels mit mehreren Schrotkugeln
im Schädelinneren.

Institut für Rechtsmedizin der Charité –
Universitätsmedizin Berlin

**Plastikschrotbecher mit Bleischrot-
kugeln, Kal. 16**
Kopf-Schrotschuss durch doppelläufige
Flinte Kaliber 20 bei Suizid. Einschuss
am harten Gaumen mit deutlichen
Schmauchspuren an der Mundschleim-
haut. Massive Zertrümmerungen des
Schädelknochens und des Gehirns.
Der Schrotbecher blieb im Hirngewebe
stecken.

Landesinstitut für gerichtliche und soziale
Medizin Berlin

BEI UNKLAREN TODESURSACHEN GEWISS-
HEIT ÜBER DIE GRÜNDE DES ABLEBENS ZU
VERSCHAFFEN, IST DAS UREIGENE ANLIEGEN
DER RECHTSMEDIZIN. DABEI STELLEN DIE
DOKUMENTATION UND INTERPRETATION VON
ÄUSSEREN UND INNEREN BEFUNDEN DIE
HAUPTAUFGABEN DAR.

POSTMORTALE
COMPUTERTOMOGRAPHIE

02

Seit etwa 15 Jahren wird deshalb in Ergänzung
zur Leichenöffnung zunehmend die Postmortale
Computertomographie (PMCT) eingesetzt. Da das
röntgenologische Verfahren in der Rechtsmedizin
an Verstorbenen zum Einsatz kommt, ist die Strahlenbelastung hier von untergeordneter Bedeutung.
Durch exakte dreidimensionale Rekonstruktionen
und hochauflösende Schnittbilder des Körpers
in frei wählbaren Ebenen eröffnet sich eine neue
Form der zerstörungsfreien Befunddokumentation,
-interpretation und -darstellung.

PUTER

01

Über Jahrhunderte hinweg war die Leichenöffnung (Obduktion) das einzige Verfahren, das eine eingehende Befunderhebung ermöglichte. Auf dieser Grundlage versuchen Rechtsmediziner bis heute, ihre Befunde exakt zu beschreiben und schriftlich zu fixieren, um medizinischen Laien (Polizei und Justiz) ihre Erkenntnisse zu vermitteln. Es handelt sich dabei allerdings um ein destruktives Verfahren, das eine erneute Beurteilung und Überprüfung durch einen weiteren Gutachter nur bedingt zulässt.

03

Befunde können zudem auf Submillimeter genau wiedergegeben werden. Vor der Obduktion angewendet, wird per PMCT ein Bilddatensatz erstellt, der sowohl dem Obduzenten als auch weiteren Gutachtern bei der Befunderhebung nützt. Dies gilt insbesondere bei Todesfällen mit rekonstruktiver Fragestellung, z. B. bei Schusswaffengebrauch, nicht identifizierten Toten oder Unfallopfern.

APHIE

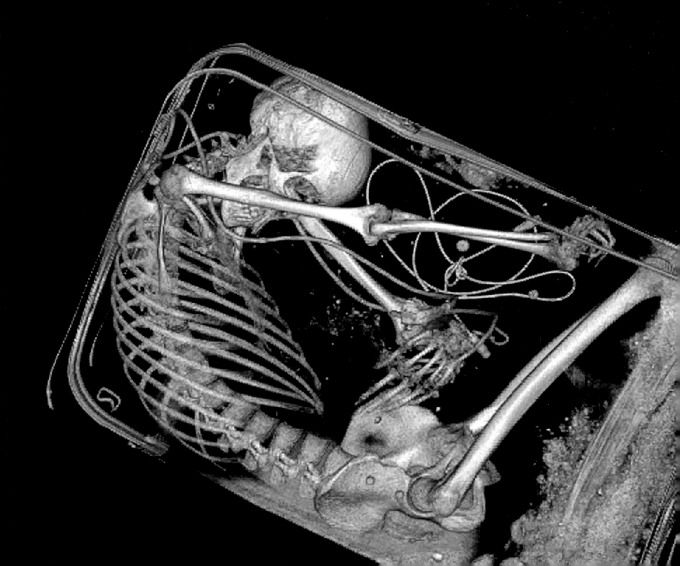

MIT STROMKABELN
FIXIERTER LEICHNAM EINER
FRAU IN EINEM KOFFER

Institut für Rechtsmedizin der Charité –
Universitätsmedizin Berlin

FALL 05

DURCHSCHUSS

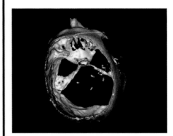

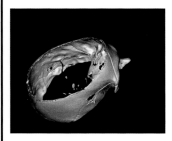

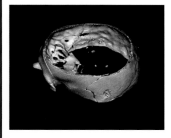

3D-Skelettrekonstruktionen
(Volume rendering technique)
des Ein- bzw. Ausschusses

Institut für Rechtsmedizin der Charité –
Universitätsmedizin Berlin

3D-Druck eines Schädels aus dem Datensatz der postmortalen Computertomographie mit Darstellung von Knochenfragmenten im Schädelinneren verursacht durch einen Durchschuss, Kal. 9 mm, Browning Patent FE 9942
Ein 49-jähriger Mann schießt sich in suizidaler Absicht in den Kopf und kombiniert dies mit einem atypischen Erhängen. Gut sichtbar sind die Knochenfragmente die sich durch den Eintritt des Geschosses durch das rechte Schläfenbein in das Schädelinnere bewegt haben. Die Ausschusswunde befindet sich im linken Hinterhauptbein. Der 3D-Druck erfolgte auf der Grundlage eines CT-Scans des Leichnams vor der Obduktion. Für die Darstellung loser Knochensplitter kam das MJP – Verfahren *(Multi Jet Printing)* zur Anwendung. Die Aushärtung des zum Drucken erhitzten Photopolymers erfolgt nach der Trocknung durch UV-Licht. Der 3D-Druck wurde zur Stabilisierung in einen transparenten Harzblock eingegossen. Die Schichtstärke des aufgetragenen Materials beträgt nur 0,015 mm.
Blueprint3D

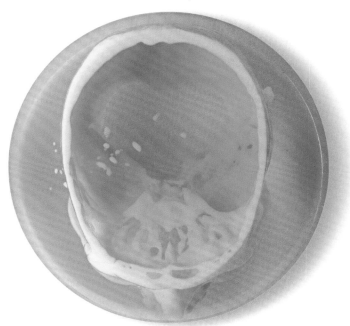

EINDRUCKSPUREN BEI HAMMERSCHLÄGEN

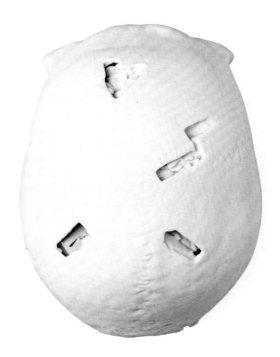

3D-Druck eines Schädeldachs aus dem Datensatz der postmortalen Computertomographie mit Eindruckspuren von 7 Hammerschlägen

Ein 42-jähriger Mann wird Opfer eines tödlichen Angriffs mit einem Hammer und verstirbt zudem an den Folgen eines tiefen Kehlschnittes. Mithilfe des 3D-Druckes ist ein unmittelbarer Abgleich mit dem verwendeten Tatwerkzeug möglich. Während einer Beweisführung vor Gericht können die so gewonnenen Erkenntnisse zur Passgenauigkeit des Tatwerkzeuges mit den rechtsmedizinischen Befunden eindrucksvoll demonstriert werden. Das zur Anwendung gekommene CJP-Verfahren *(Color Jet Printing)* nutzt die herkömmliche Tintenstrahl-Drucktechnologie. Dabei wird ein Polymergips schichtweise mit einer Flüssigkeit gehärtet und das gedruckte Objekt anschließend mit Sekundenkleber infiltriert. Die Schichtstärke des aufgetragenen Materials beträgt 0,1 mm.

Blueprint3D

3D-Rekonstruktion des Schädeldaches mit Hiebverletzungen

Institut für Rechtsmedizin der Charité – Universitätsmedizin Berlin

3D-Rekonstruktionen mit übereinstim-
mender Darstellung der Bruchlinien im
Schädel und dem Motorradhelm
Institut für Rechtsmedizin der Charité –
Universitätsmedizin Berlin

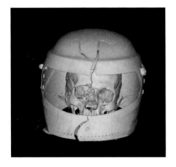
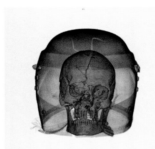

Schweres Schädel-Hirn-Trauma
nach Motorradunfall
Institut für Rechtsmedizin der Charité –
Universitätsmedizin Berlin

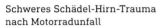

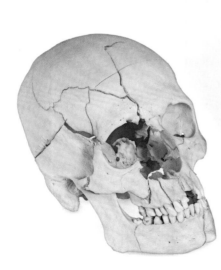

DOKUMENTATION EINES TÖDLICHEN VERKEHRSUNFALLES

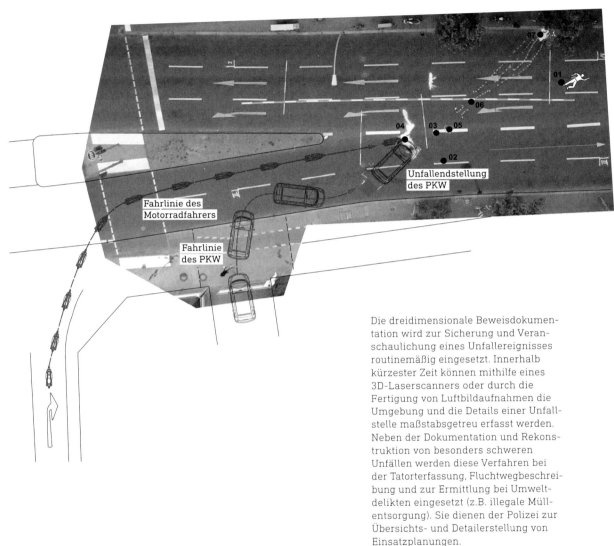

Fahrlinie des Motorradfahrers

Fahrlinie des PKW

Unfallendstellung des PKW

Die dreidimensionale Beweisdokumentation wird zur Sicherung und Veranschaulichung eines Unfallereignisses routinemäßig eingesetzt. Innerhalb kürzester Zeit können mithilfe eines 3D-Laserscanners oder durch die Fertigung von Luftbildaufnahmen die Umgebung und die Details einer Unfallstelle maßstabsgetreu erfasst werden. Neben der Dokumentation und Rekonstruktion von besonders schweren Unfällen werden diese Verfahren bei der Tatorterfassung, Fluchtwegbeschreibung und zur Ermittlung bei Umweltdelikten eingesetzt (z.B. illegale Müllentsorgung). Sie dienen der Polizei zur Übersichts- und Detailerstellung von Einsatzplanungen.

LKA Berlin Kriminaltechnisches Institut, FB Vermessung / Subjektives Täterportrait (LKA KTI 22)

Legende

01 Unfallendlage Motorradfahrers und Helm
02 Kunststoffteil
03 vorderes amtl. Kennzeichen des PKW
04 Kollisionsort
05 Kunststoffteil Motorrad
06 Kratzspur
07 Unfallendlage Motorrad

Kopfschwarte mit Verletzungen von oben.

Vergleichseindruckspuren mit der Schere in Plastilina hergestellt.

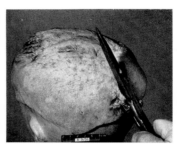

Völlige Übereinstimmung zwischen Hautdefekt und Schere. Es handelt sich also um zwei Hiebverletzungen am Hinterhaupt durch die Schere.

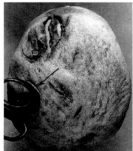

Rekonstruktion der Hiebverletzungen und des Tatwerkzeugs. Pfeile weisen auf die übereinstimmenden Formverletzungen hin.

Schädeldach mit Hieb- und Stichverletzungen

Eine 52-jährige Schneiderin wird Opfer eines Gewaltverbrechens. Der Täter verursachte eine Vielzahl an tödlichen Hieb- und Stichwunden im Bereich des Kopfes der Frau. Für die Rekonstruktion der Tat und zur Dokumentation der Befunde werden umfangreiche Versuche zur Entstehung der einzelnen Verletzungen durchgeführt. Die dabei verwendete Schneiderschere konnte zweifelsfrei als Tatwerkzeug identifiziert werden. Bis heute ist es der Polizei nicht gelungen, in diesem Fall einen Täter zu ermitteln.

Polizeidirektion Dresden, Polizeihistorische Sammlung

Aus Waldemar Weimann,
Otto Prokop: Atlas der gerichtlichen
Medizin, Berlin. 1965

Rekonstruktion der
Hiebverletzungen und
des Tatwerkzeugs.
Pfeile weisen auf die
übereinstimmenden
Formverletzungen hin.

Rekonstruktion der Hiebverletzungen mit der Zuschneide-
schere.

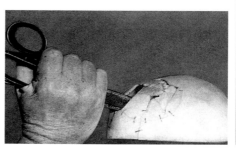

Rekonstruktion des zweiten Scherenstichs
durch das Schädeldach mit Verletzung des
Gehirns.

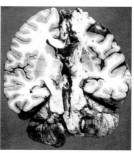

Schnittfläche der oberen
Hirnhälfte mit Stichkanal.

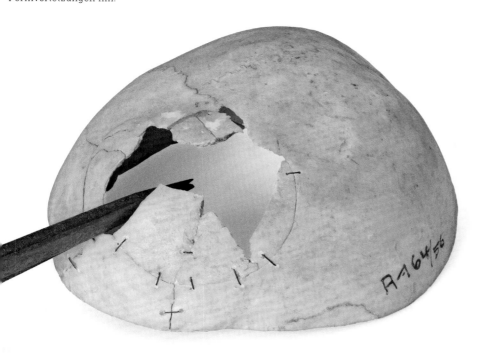

EINZELBEFUNDE

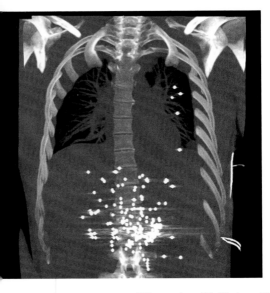

Tötung eines 32-jährigen Mannes
durch einen Schrotschuss in den Bauch
(Maximale Intensitätsprojektion)
Institut für Rechtsmedizin der Charité –
Universitätsmedizin Berlin

Polytrauma
Tödlicher Verkehrsunfall einer 64-
jährigen Radfahrerin mit Überrollung
durch einen LKW. Decollement (Ab-
scherung der Haut durch quetschende
Gewalteinwirkung) des linken Beines,
Brustkorbniederbruch und Brustwirbel-
säulenfraktur.
Institut für Rechtsmedizin der Charité –
Universitätsmedizin Berlin

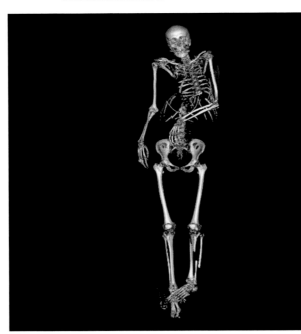

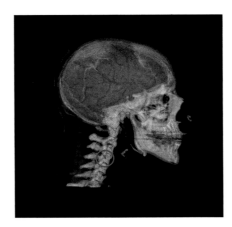

Tötungsdelikt einer 22-jährigen Frau
durch scharfe Gewalt
Tiefer Kehlschnitt mit Abschneiden der
Schildknorpeloberhörner und dem
Verbleib einer abgebrochenen Messer-
spitze in der Halswirbelsäule. Der Tod
trat durch Verbluten in Kombination
mit einer Luftembolie des Gehirns ein.
Institut für Rechtsmedizin der Charité –
Universitätsmedizin Berlin

Bruch der Schildknorpelhörner des
Kehlkopfes nach suizidalem Erhängen
eines 56-jährigen Mannes

Institut für Rechtsmedizin der Charité –
Universitätsmedizin Berlin

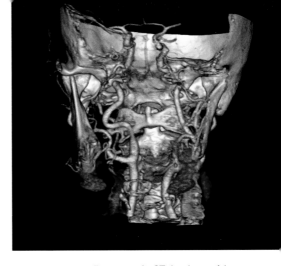

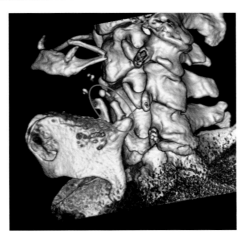

Postmortale CT-Angiographie
mit Darstellung von unverletzten
Halsgefäßen

Institut für Rechtsmedizin der Charité –
Universitätsmedizin Berlin

Pfählungsverletzung nach unfall-
mäßigem Fenstersturz eines
21-jährigen Mannes auf einen Zaun

Institut für Rechtsmedizin der Charité –
Universitätsmedizin Berlin

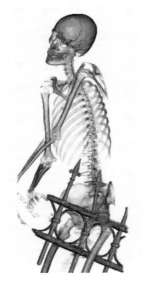

Tötungsdelikt mit einem Kopfdurchschuss
und zwei Rumpfsteckschüssen einer
21-jährigen Frau

Institut für Rechtsmedizin der Charité –
Universitätsmedizin Berlin

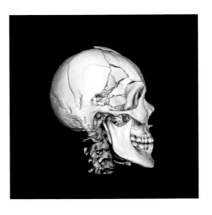

DER ROTE FADEN FALL

2

Der Schädel und der Unterkiefer werden unmittelbar nach dem Auffinden in ein rechtsmedizinisches Institut gebracht. Routinemäßig erfolgt bei unbekannten Verstorbenen und Leichenteilen zuerst eine Computertomographie. Dadurch sind bereits vor den weiteren Untersuchungsschritten detaillierte Aussagen beispielsweise zum Zahnstatus, zu stattgehabten Operationen oder zu Verletzungen möglich, ohne am Objekt Veränderungen vorzunehmen. Die Untersuchung am Schädel ergibt keine Anhaltspunkte für eine todesursächliche Verletzung.

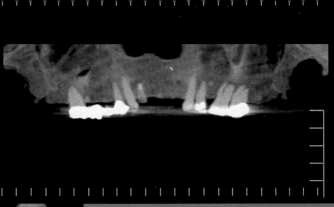

PANORAMA-
SCHICHTAUFNAHME
DES OBERKIEFERS

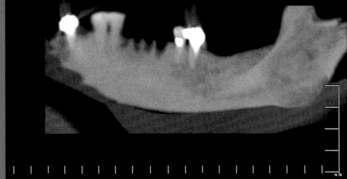

SCHICHTAUFNAHME
DES UNTERKIEFERS

3D-REKONSTRUKTION
DES SCHÄDELS, ANSICHT
VON UNTEN

3D-REKONSTRUKTION DES
SCHÄDELKNOCHENS, ANSICHT
VON VORN

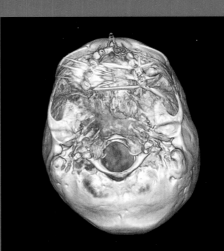

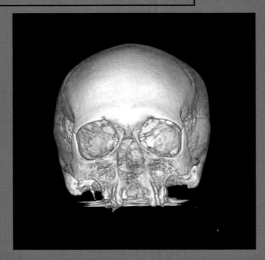

IM RAHMEN DER TODESFESTSTELLUNG GILT
ES, DIE IDENTITÄT EINES VERSTORBENEN
EINWANDFREI ZU BESTIMMEN UND IM LEI-
CHENSCHAUSCHEIN ZU DOKUMENTIEREN.

IDEN F

03

Eine besondere Herausforderung stellt die Iden-
tifizierung von Verstorbenen im Rahmen von
Großschadensereignissen (Naturkatastrophen,
Flugzeugabsturz) dar. Hier führen die Erhebung des
charakteristischen Zahnstatus und der Vergleich
mit vorliegenden zahnärztlichen Unterlagen sowie
Fingerabdruckvergleiche in vielen Fällen zu einer
Sicherung der Identität.

RUN

Erste Anhaltspunkte ergeben sich am Ereignisort aus Angaben Anwesender, persönlichen Dokumenten sowie Kleidungs- und Schmuckstücken. Weiterhin können Tätowierungen oder Narben Hinweise liefern. Die Identifizierung kann deutlich erschwert sein, wenn sich der Leichnam in einem fortgeschrittenen Fäulniszustand befindet oder entstellende Verletzungen aufweist beziehungsweise ganze Körperteile fehlen (z.B. Brandeinwirkungen oder bei Wasserleichen Verletzungen durch Schiffsschrauben).

Im Rahmen einer rechtsmedizinischen Sektion können neben äußeren, charakteristischen Merkmalen auch vergangene chirurgische Eingriffe nachvollzogen werden. So lassen sich mit einer Seriennummer versehene Herzschrittmacher oder Gelenkimplantate einer bestimmten Person eindeutig zuordnen. Die Entnahme von Gewebe für Vergleiche mit DNA-Spuren vermisster Personen und Gendatenbanken gilt als weitere sichere Identifizierungsmethode. Liegen keine DNA-Proben der vermissten Person vor, können auch Abstammungsbegutachtungen mit Blutsverwandten angefertigt werden.

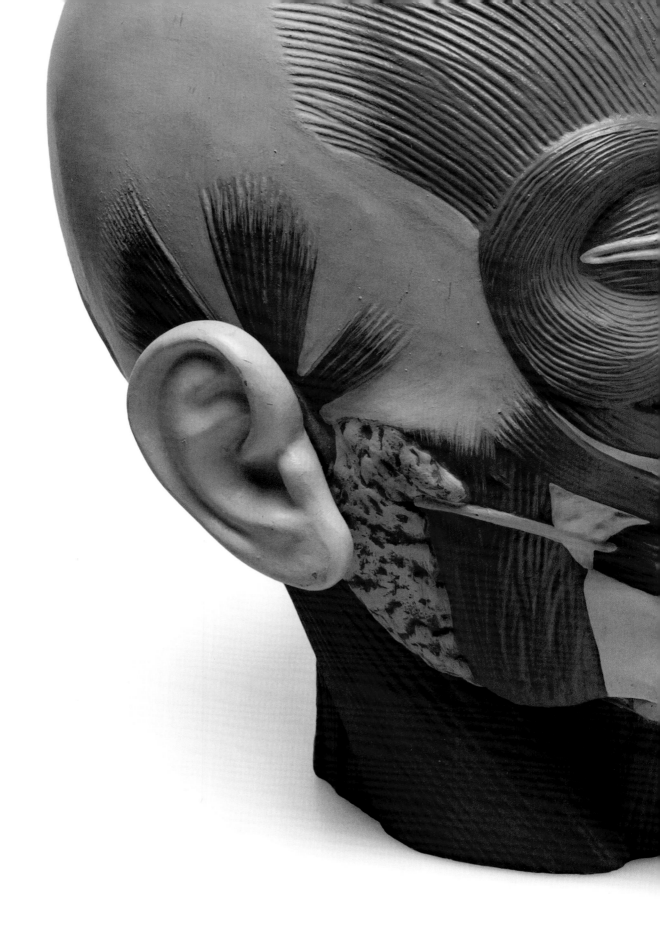

ANATOMISCHES MODELL
MIT DARSTELLUNG
DER GESICHTSMUSKULATUR
Centrum für Anatomie der Charité –
Universitätsmedizin Berlin

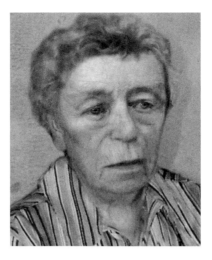

Gesichtsrekonstruktion anhand des
Schädels und abschließende Bearbeitung mittels *Texture Mapping*

Hilja Hoevenberg, Centrum für Anatomie der
Charité – Universitätsmedizin Berlin

Vergleichsfoto der tatsächlichen Person

Hilja Hoevenberg, Centrum für Anatomie der
Charité – Universitätsmedizin Berlin

FORENSISCHE GESICHTS- REKONSTRUKTION

Die forensische Gesichtsrekonstruktion kann Identitätshinweise liefern,
wenn Leichenerscheinungen – wie Fäulnis oder Verwesung – zur
Unkenntlichkeit einer unbekannten Person geführt haben. Nach Befun-
dung, Präparation und Mazeration (Entfernung des restlichen Gewebes)
werden die zu rekonstruierenden Weichteilgewebe (z.B. Knorpel,
Muskeln, Fett und Haut) mit verschiedenen Modelliermassen auf den
Schädel aufgebracht. Die individuellen Werte von Lage, Form und
Stärke der einzelnen Gewebe werden anhand der am Centrum für
Anatomie der Charité entwickelten Algorithmen bestimmt. Abschließend wird mittels *Texture Mapping* (Verfahren der 3D-Computergrafik)
die Oberflächenbeschaffenheit der Haut dargestellt. So entsteht ein
individuelles Gesicht. Ziel einer forensischen Gesichtsrekonstruktion
ist eine größtmögliche Ähnlichkeit mit der Originalperson, um einen
hohen Wiedererkennungswert zu erreichen.

Hilja Hoevenberg, Centrum für Anatomie der Charité –
Universitätsmedizin Berlin

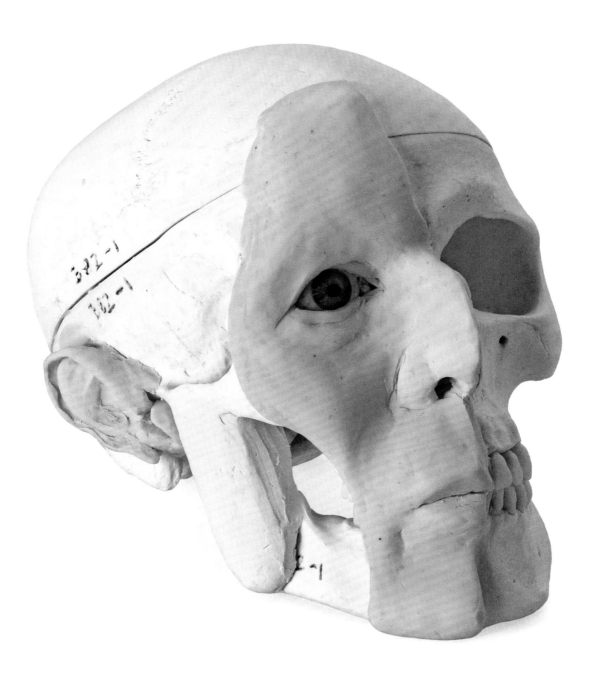

IDENTIFIZIERUNGS-MERKMALE

Die Forensische Anthropologie untersucht und beurteilt menschliche Knochen. Anhand ihrer Beschaffenheit und individueller Merkmale können Aussagen zum Geschlecht und ungefähren Alter einer unbekannten Person gemacht werden. Die Forensische Odontologie (Zahnmedizin) vergleicht die Gebisse eines Menschen vor und nach dem Tode. Sie kann ebenso Hinweise auf Alter und Geschlecht geben oder Bissspuren zuordnen. Häufig werden zusätzliche DNA-Untersuchungen durchgeführt, die Aufschlüsse über die regionale Zugehörigkeit und das Geschlecht eines Menschen zulassen.

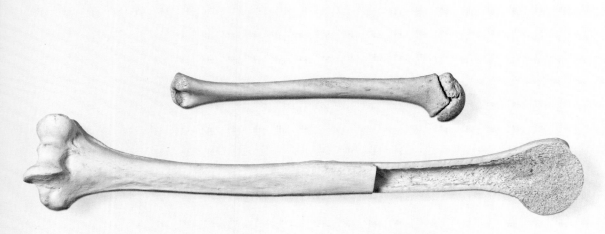

Ephiphyse
Oberarmknochen eines 2-jährigen Kindes mit deutlich zu erkennender, noch nicht geschlossener Wachstumsfuge (Epiphyse). Dieser Ort des Knochenwachstums befindet sich zwischen dem Gelenkende und dem langen Anteil des Röhrenknochens und besteht aus Knorpelgewebe. Darunter der Oberarmknochen eines Erwachsenen mit Blick auf die so genannte Spongiosa (schwammartige Knochenbälkchen), die Wachstumsfuge ist hier vollständig geschlossen. Die Beurteilung der Ephiphysenfuge kann bei der Einschätzung des Alters eines Menschen helfen: Nach Abschluss des Wachstums mit etwa 19 Jahren ist die Fuge komplett verknöchert und nicht mehr erkennbar.
Centrum für Anatomie der Charité – Universitätsmedizin Berlin

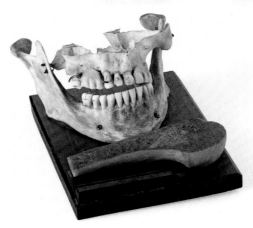

Altersbestimmung in den 1950er Jahren

Die Untersuchung des Zahnstatus dieser unbekannten Leiche ergab ein geschätztes Alter zwischen 40 und 50 Jahren, die Beurteilung der Knochenstruktur ein Alter von ca. 43 Jahren.

Institut für Rechtsmedizin des Universitätsklinikums Halle (Saale)

Unterschiedliche Zahnprothesen und Brücken aus den 1940er Jahren

Medizinhistorische Sammlungen KSI Leipzig (Abteilung Rechtsmedizin)
Landesinstitut für gerichtliche und soziale Medizin Berlin

Tätowierung

Tätowierungen werden mithilfe von Tinte oder anderen Farbmitteln in die mittlere Hautschicht (Dermis) eingebracht. Diese individuellen schwarzen oder auch farbigen Motive können aufgrund ihrer Muster oder der Stelle, an der sie sich befinden, Hinweise auf die Identität eines Menschen geben.

Centrum für Anatomie der Charité – Universitätsmedizin Berlin

117

Individuelle Identifizierungsmerkmale
Auffällige Zahnarbeiten im Gebiss
eines Opfers eines Gewaltverbrechens,
5-Loch-Platte im Unterkiefer rechts
außenseitig nach Fraktur und Zustand
nach vorübergehender Entfernung
eines Teiles des Schädeldachs und
Reimplantation des Knochendeckels

Institut für Rechtsmedizin der Charité –
Universitätsmedizin Berlin, Landesinstitut
für gerichtliche und soziale Medizin Berlin,
Centrum für Anatomie der Charité –
Universitätsmedizin Berlin

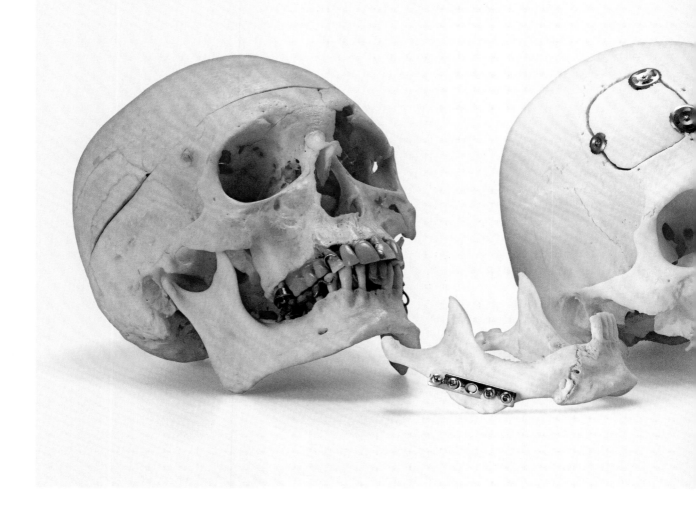

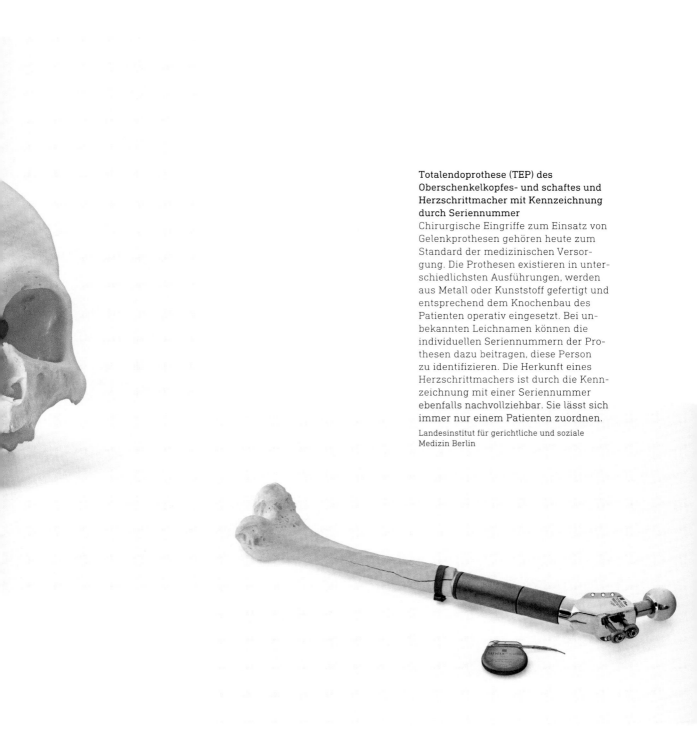

Totalendoprothese (TEP) des Oberschenkelkopfes- und schaftes und Herzschrittmacher mit Kennzeichnung durch Seriennummer
Chirurgische Eingriffe zum Einsatz von Gelenkprothesen gehören heute zum Standard der medizinischen Versorgung. Die Prothesen existieren in unterschiedlichsten Ausführungen, werden aus Metall oder Kunststoff gefertigt und entsprechend dem Knochenbau des Patienten operativ eingesetzt. Bei unbekannten Leichnamen können die individuellen Seriennummern der Prothesen dazu beitragen, diese Person zu identifizieren. Die Herkunft eines Herzschrittmachers ist durch die Kennzeichnung mit einer Seriennummer ebenfalls nachvollziehbar. Sie lässt sich immer nur einem Patienten zuordnen.
Landesinstitut für gerichtliche und soziale Medizin Berlin

Reste der Uniform eines Soldaten
Oberkiefer mit Zahnprothese, vermutlich aus der Zeit des Zweiten Weltkrieges, bei Bauarbeiten im Erdreich
im Großraum Berlin aufgefunden
Landesinstitut für gerichtliche und soziale
Medizin Berlin

**Reste militärischer Ausrüstung
eines Soldaten**
vermutlich aus der Zeit des Zweiten
Weltkrieges, bei Bauarbeiten im Erdreich im Großraum Berlin aufgefunden
Landesinstitut für gerichtliche und soziale
Medizin Berlin

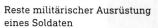

**Erster und zweiter Halswirbel
eines Rindes**

Ein Rechtsmediziner wird zur Baustelle
auf einem Güterbahnhof gerufen. In
der Nähe eines Gehweges wurden bei
Bauarbeiten Skelettteile gefunden, die
für menschliche Überreste gehalten
wurden. Die Bauarbeiten sind daraufhin unterbrochen worden. Es handelt
sich allerdings um stark verwitterte
und von Wurzelwerk durchdrungene
Knochenfragmente eines Hausrindes.

Institut für Rechtsmedizin der Charité –
Universitätsmedizin Berlin

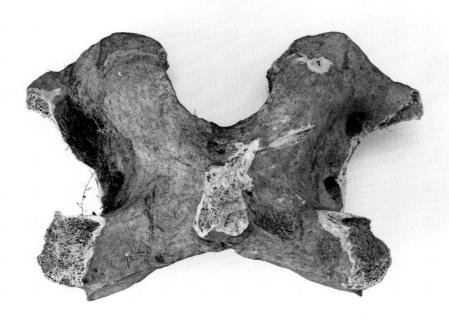

FALL 09

DIE UNBEKANNTE TOTE

Am 8. November 1988 finden Waldarbeiter im Spandauer Stadtforst, im Forstbereich Jagen 21, in einer halben Meter tiefen Erdgrube eine zum Teil skelettierte weibliche Leiche. Da alle äußeren Umstände auf ein Kapitalverbrechen hinweisen, nimmt eine Mordkommission die Ermittlungen auf. Zur Identifizierung der unbekannten Toten erhofft sich die Polizei Hinweise aus der Bevölkerung und veröffentlicht die an der Leiche vorgefundenen Gegenstände. Im Laufe der langjährigen Ermittlungen wird immer wieder zahlreichen Hinweisen nachgegangen, die allerdings nicht zur Aufklärung der Tat führen. Bis heute konnten weder die Identität des Opfers geklärt noch der Täter ermittelt werden.

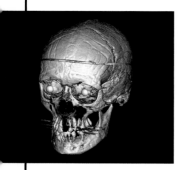

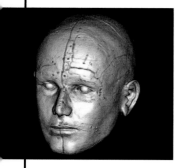

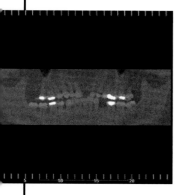

3D-Rekonstruktion des Schädelknochens

Institut für Rechtsmedizin der Charité –
Universitätsmedizin Berlin

3D-Rekonstruktion des Kopfes mit Darstellung der modellierten Weichteile

Institut für Rechtsmedizin der Charité –
Universitätsmedizin Berlin

Panoramaschichtaufnahme des Gebisses

Institut für Rechtsmedizin der Charité –
Universitätsmedizin Berlin

Professor gab dem Skelett sein Gesicht zurück

Rekonstruktions-Methode erstmals in einem Berliner Kriminalfall eingesetzt

Seit dreieinhalb Jahren versucht die Polizei den Fall aufzuklären – jetzt wissen die Beamten wenigstens, wie das Opfer vor dem Tod aussah. Eineinhalb Jahre lag die Frauenleiche im Spandauer Forst, bevor die 25- bis 30jährige Tote im November 1988 entdeckt wurde. Doch nur mit Skelett sowie wenigen Kleidungs- und Haarresten war eine Identifizierung unmöglich. Der Bonner Spezialist Prof. Richard Helmer rekonstruierte jetzt das Gesicht anhand des Schädels (wir berichteten). In Berlin wurde diese Methode zum erstenmal angewandt.

Das nachgebildete Gesicht der noch unbekannten Toten.   Foto: BM

„Für uns ist das die letzte Möglichkeit, doch noch den Namen des Opfers herauszufinden", erklärt Manfred Vogt, Chef der 4. Mordkommission. Mehr als 5000 Vermißtenanzeigen von Frauen in ganz Europa wurden überprüft, die Polizei ließ 20 000 Such-Plakate aushängen: Ohne Erfolg. Die Kripo weiß bislang nur: Die Frau mit kurzen blonden Haaren wurde erwürgt. Sie war rauschgiftsüchtig. Es kann nicht ausgeschlossen werden, daß sie aus dem Prostitu-

ierten-Milieu kam. Kriminalhauptkommissar Gerhard Gebauer: „Natürlich wird die plastische Rekonstruktion nicht haargenau mit dem wirklichen Gesicht der Frau übereinstimmen – dafür sind die Gesichtszüge eines Menschen viel zu individuell. Aber die große Ähnlichkeit müßte zur Identifikation ausreichen."

Die Methode wird nur angewandt, wenn alle anderen Ermittlungsversuche scheitern, der Verdacht eines Kapitalverbrechens vorliegt und wenigstens der Schädel des Opfers noch vorhanden ist.

Mehrere Monate lang arbeitete Prof. Richard Helmer, Abteilungsleiter für experimentelle Gerichtsmedizin der Uni Bonn, an dem Kopf. „Zuerst wird der Schädel genau vermessen und untersucht. Außerdem werden alle bekannten Umstände wie Alter, Geschlecht und Konstitution bei der Diagnose berücksichtigt. Nach einem Plan modelliere ich dann mit einer Bienenwachsmasse das Gesicht."

Dabei nützt der Experte – der einzige in Deutschland, der die „Gesichtsweichteilrekonstruktion" anwendet – auch Erfahrungswerte. Bei lebenden Personen hat man die Dicke der Weichteilschicht des Gesichtes – Gewebe, Fett, Muskeln und Haut – an vielen Punkten gemessen. Diese Werte werden nach bestimmten Kriterien auf einen Totenschädel übertragen. Obwohl Helmer sogar den Pupillenabstand millimetergenau errechnen kann, bleiben noch viele Fragen: „Der Schädel gibt beispielsweise nur wenig Aufschluß über die Mundpartie."

Trotzdem hoffen die Berliner Beamten, mit Hilfe der plastischen Rekonstruktion nun endlich das Opfer identifizieren und den Fall lösen zu können. Für zweckdienliche Hinweise ist eine Belohnung von 5000 Mark ausgesetzt (Anrufe erbeten unter Rufnummer [W] 78 10 71, App. 1823).   *Lisa Uphoff*

Gesichtsweichteil-Rekonstruktion auf der Grundlage des echten Schädels der Toten im Jahr 1990 durch Prof. Richard P. Helmer

Um weitere Erkenntnisse zu erlangen und die Unbekannte zu identifizieren, lässt die Kriminalpolizei im Jahr 1990 eine plastische Gesichtsweichteil-Rekonstruktion anfertigen, die die für diesen Fall bereits feststehenden Ermittlungsergebnisse berücksichtigt. Der Rechtsmediziner Prof. Dr. Richard P. Helmer kann sich hierfür seinerzeit auf die Ermittlungsakte, das Sektionsprotokoll, ein zahnärztliches Gutachten, aber auch auf Fotos vom Leichenfundort stützen.

Polizeihistorische Sammlung Berlin

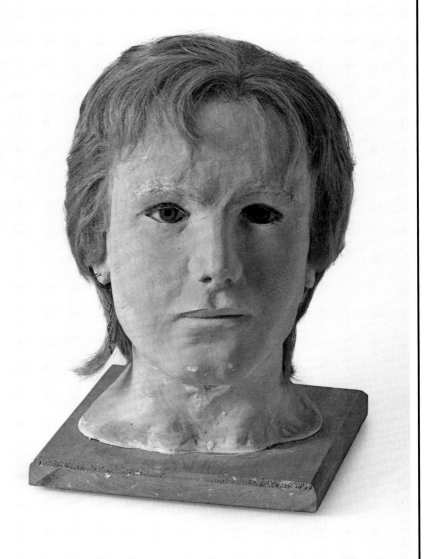

Jagen 21, Spandauer Stadtforst.
Fundort des Leichnams

Polizeihistorische Sammlung Berlin

Knochenreste in einer 50 cm
tiefen Grube

Polizeihistorische Sammlung Berlin

Ermittlungsarbeit

Das Alter der Unbekannten wird auf 16 bis 26 Jahre
geschätzt. Sie war schlank, etwa 162 cm groß,
hatte auffallend kleine Füße und kurze blonde Haare.
Am linken Handgelenk trug die junge Frau eine
silberfarbene Damenarmbanduhr der Marke JUTA.
Auf der Rückseite sind die Ziffern »22982« eingeritzt,
wobei es sich um das Kauf- oder ein Reparaturdatum
handeln könnte. Am rechten Ohr trug die Tote zwei
Ohrringe. Um den Hals lag ein dünnes braunes
Lederhalsband und um die Handgelenke hatte sie
sich ein schwarzes und ein rotes Haargummi aus
Frottee gebunden. Die Tote war zuletzt mit einer
beige-braunen Herrenjacke aus Leinengewebe bekleidet. Ein prägnantes Merkmal dieser Jacke ist die
verdeckt schließende Leiste mit Klettverschlüssen.
Dazu trug sie eine blaue Jeans in Konfektionsgröße
36–38, ein helles Herrenunterhemd sowie einen
pinkfarbenen, transparenten Tanga-Slip. Ihre Füße
waren mit dicken weißen Tennissocken bekleidet.
Die Ermittler gehen davon aus, dass sie Mitte 1987
das letzte Mal lebend gesehen wurde.

Zeichnung der Kleidungs- und
Schmuckstücke der Toten für die
Bekanntmachung in der Öffentlichkeit
Polizeihistorische Sammlung Berlin

SUBJEKTIVES TÄTERPROFIL

Die Verwendung eines subjektiven Täterprofils ist ein wichtiger Bestandteil bei der Fahndung nach einem Straftäter. Ziel ist es, ein möglichst genaues Bild eines Täters zu erstellen. Nach den Aussagen von Opfern und Zeugen werden alle Merkmale des Gesichts erfasst und visuell dargestellt. Zunächst werden am Computer die entsprechenden Gesichtselemente, wie die Kopfform, Haare sowie die Stellung und Form der Augen, der Nase und des Mundes ausgewählt. Wichtig sind auch Besonderheiten, wie spezielle Kopfbedeckungen, ein Bart oder eine Brille. Individuelle Feinheiten und Alterserscheinungen, wie Falten, Gesichtsschmuck oder spezielle Frisuren, lassen sich nachträglich in den Ausdruck mit Bleistift einzeichnen und abschließend herausarbeiten.

Fiktives, subjektives Täterprofil

Brigitte Klage, LKA Berlin Kriminaltechnisches Institut, FB Vermessung / Subjektives Täterportrait (LKA KTI 22)

R S

DER ROTE FADEN FALL

3

Der fast vollständig skelettierte Schädel wird nach der Untersuchung im CT durch einen Rechtsmediziner eröffnet und begutachtet. Anhand der Knochenstruktur und bestimmter Eigenschaften (z.B. Stärke und Ausprägung der Jochbeine) können Alter und Geschlecht grob geschätzt werden. Ergänzend erfasst ein forensischer Odontologe alle individuellen Merkmale der Zähne und der Zahnarbeiten. Die Messung der Wurzeldentintransparenz ergibt Anhaltspunkte zum Alter. Abschließend wird ein mittleres bis höheres Lebensalter des Individuums angenommen bei einem Liegealter von mehreren Monaten, keinesfalls aber mehreren Jahren. Da die Merkmale des Schädels sich nicht mit Sicherheit einem Mann oder einer Frau zuordnen lassen, bleibt die Frage nach dem Geschlecht vorerst ungeklärt. Weitere Ergebnisse dazu soll eine DNA-Analyse liefern, für die Zähne und ein kleines Knochenstück entnommen werden.

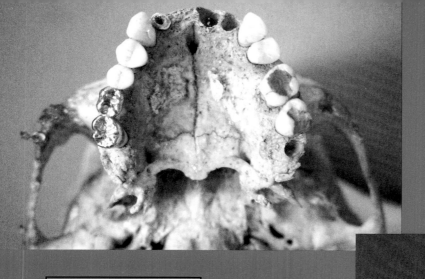

EXTRAKTION EINES
ZAHNES FÜR DIE
DNA-ANALYSE

BESTIMMUNG DER
WURZELDENTIN-
TRANSPARENZ

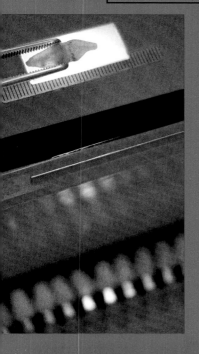

ERÖFFNUNG DES
SCHÄDELS MIT EINER
OSZILLIERENDEN SÄGE

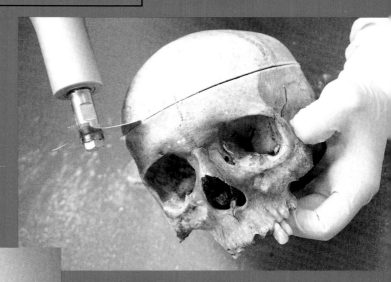

BLICK AUF
SCHÄDELBASIS UND
SCHÄDELDACH

129

ALS FACHGEBIET ZWISCHEN CHEMIE UND MEDIZIN TRÄGT DIE FORENSISCHE TOXIKOLOGIE DURCH DEN NACHWEIS ODER AUSSCHLUSS VON SUBSTANZEN DAZU BEI, RECHTSMEDIZINISCHE FRAGESTELLUNGEN ZU KLÄREN. MITHILFE NEUESTER ANALYSEVERFAHREN UND HOCH ENTWICKELTER MESSTECHNIK KÖNNEN SO UNGEWISSE, MIT EINER OBDUKTION ALLEIN NICHT ZU KLÄRENDE TODESFÄLLE GELÖST WERDEN.

FORENSISCHE TOXGIE

03

Ein weiteres Aufgabenfeld der Forensischen Toxikologie ist die Untersuchung von Haar- und Urinproben lebender Personen, die sich in speziellen Kontrollprogrammen in festgelegten Abständen einer Drogen- oder Alkoholabstinenzprüfung unterziehen müssen. Außerdem können Haar- und Urinanalysen auf Betäubungsmittel oder Alkohol ein wichtiges Indiz in zivilrechtlichen Sorgerechtsstreitigkeiten sein: Wenn es etwa darum geht, im Sinne des Kindeswohls zu entscheiden, ob die Erziehungsberechtigten ein Suchtproblem haben.

Vor allem mittels der hochauflösenden Massenspek-
trometrie, der Hochleistungsflüssigkeitschromato-
graphie sowie der Gaschromatographie lassen sich
in unterschiedlichsten Gewebeproben und Körper-
flüssigkeiten selbst kleinste Substanzmengen
nachweisen. Dabei werden bei der Obduktion asser-
viertes Blut, Urin oder Speichel sowie Organmaterial
daraufhin untersucht, ob Medikamentenwirkstoffe,
Betäubungsmittel, Alkohol, Chemikalien, Pestizide
oder Brandgase als Todesursache in Frage kommen.

Weiterhin gehören zum Arbeitsgebiet der Forensischen Toxikologie die Untersuchungen auf miss-
bräuchliche Einnahme von Alkohol, Medikamenten
oder Betäubungsmitteln im Straßenverkehr
oder im Zusammenhang mit anderen Delikten. Vor
Gericht kann erheblicher Drogen- und/oder Alkohol-
einfluss bei der Beurteilung einer Tat unter Umständen strafmildernd wirken.

I

KOLC

KAFFEESERVICE, MIT DEM EINE FRAU
IHREM EHEMANN EIN TÖDLICHES GIFT
VERABREICHT HAT
Medizinhistorische Sammlungen KSI Leipzig
(Abteilung Rechtsmedizin)

VERGIFTUNGSZEICHEN

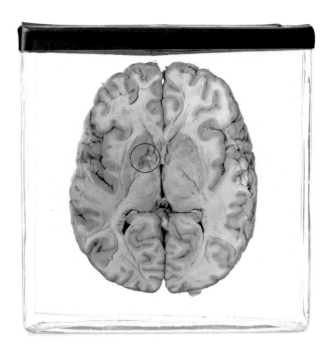

Linksseitiger älterer Hirninfarkt bei Anabolika- und Kokainmissbrauch

Ein 31-jähriger Mann wird mit Krampf-
anfällen von seinem Lebensgefährten
in der gemeinsamen Wohnung aufgefunden. Der Notarzt kann nur noch den
Tod und eine augenfällige Schaum-
bildung vor dem Mund des Verstorbenen feststellen. Die Obduktion ergibt
eine starke Verkalkung der Herzkranz-
schlagadern und mehrere Narben
im Herzmuskel. Im Gehirn stellt sich
zudem ein älterer Hirninfarkt dar,
der auf den bekannten langjährigen
Missbrauch von Medikamenten und
Drogen zurückzuführen ist. Todesursächlich waren eine akute Durch-
blutungsstörung des Herzmuskels und
der dadurch bedingte Herzinfarkt.

Landesinstitut für gerichtliche und
soziale Medizin Berlin

Dünndarmschlingen nach Salpetersäurevergiftung

Berliner Medizinhistorisches Museum
der Charité – Universitätsmedizin Berlin

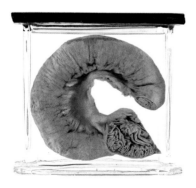

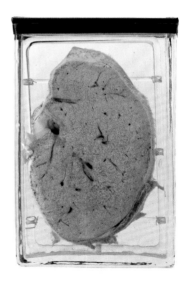

Massive Blutstauung der Leber (so genannte Muskatnussleber) nach Pilzvergiftung

Institut für Rechtsmedizin des
Universitätsklinikums Halle (Saale)

Eine 34-jährige, geistig behinderte Frau, die in einer betreuten Einrichtung lebt, nimmt zwei Zigarettenenden zu sich. Um ein Erbrechen hervorzurufen, reicht ihr die diensthabende Krankenschwester daraufhin zwei Gläser Wasser, die jeweils 6 cm hoch mit Salz gefüllt sind. Nach anderthalb Stunden erbricht sich die Frau, fühlt sich unwohl, wird schläfrig und bekommt 38 °C Fieber. In den folgenden Stunden verschlechtert sich ihr Zustand zunehmend. Nach etwa vier Stunden wird sie ins Krankenhaus eingeliefert, nach weiteren vier Stunden wird der Hirntod festgestellt. Die Obduktion ergab ein ausgeprägtes Ödem (Gewebewassersucht) des Gehirns und der Lunge, das durch die tödliche Dosis Salz verursacht worden war.

Feingewebliche Untersuchung des Gefäßsystems der Lunge
Salzvergiftung mit so genannter Stechapfelform der roten Blutkörperchen. Die Flüssigkeit in ihnen folgt der erhöhten Salzkonzentration im umgebenden Gewebe (Osmose). Die Erythrozyten schrumpfen und erhalten diese spezielle Form.

Michael Tsokos, Institut für Rechtsmedizin der Charité – Universitätsmedizin Berlin

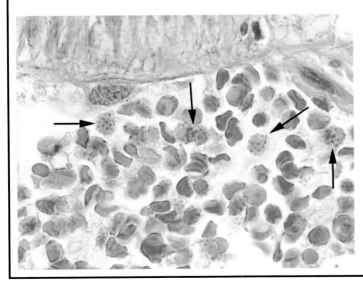

Pervitin

Das auch als Panzerschokolade oder Flieger-
marzipan bekannte Pervitin wurde im Zweiten
Weltkrieg an die Soldaten verteilt, um die
Leistungsfähigkeit zu steigern und Müdigkeits-
erscheinungen entgegenzuwirken. Die schmerz-
hemmende und aufputschende Wirkung des
Methamphetamins war schon damals bekannt.
Bis 1988 war Pervitin als Medikament auf Rezept
erhältlich. Heute ist die Substanz als Crystal
Meth bekannt und gewinnt zunehmend als billig
zu erwerbende Droge an Bedeutung. Innerhalb
kürzester Zeit macht sie abhängig und verursacht
sowohl massive physische als auch psychische
Schäden.

Institut für Rechtsmedizin der Charité –
Universitätsmedizin Berlin

TÖDLICHE KOKAININTOXIKATION EINES BODYPACKERS

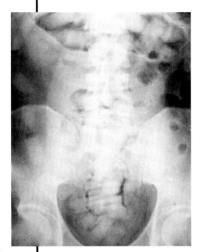

Röntgenaufnahme des Abdomens
Michael Tsokos, Institut für Rechtsmedizin
der Charité – Universitätsmedizin Berlin

Nachbau der 13 Drogenpäckchen
mit den Maßen 45 x 15 x 15 mm

Ein 41-jähriger Mann wird von der Feuerwehr in seiner Wohnung tot
aufgefunden. Am Fundort zeigen sich keinerlei Hinweise auf eine
Fremdeinwirkung. Die polizeilichen Ermittlungen ergeben, dass der
aus Westafrika stammende Verstorbene fünf Tage zuvor von dort
eingereist war. Seitdem klagte er über starkes Unwohlsein, Fieber und
Durchfall. Der von ihm konsultierte Arzt behandelt ihn auf eine mögliche Infektionskrankheit. Bei der Obduktion werden in Dünn- und Dick-
darm 13 Päckchen mit grau-weißlichem Inhalt gefunden. Drei davon
hatten sich geöffnet. Die chemisch-toxikologische Analyse des Blutes
ergibt eine tödliche Kokainvergiftung. Todesursächlich waren neben
der Überdosis Kokain jedoch auch die Nebenwirkungen des so genannten Streckmittels Levamisol, mit dem die Droge verlängert worden
war. Beides verursachte eine akute Blutstauung in den Lungen, der
Leber, der Milz und den Nieren sowie ein ausgeprägtes Hirnödem. Beim
Drogenschmuggel im eigenen Körper reicht meist schon die fehlerhafte
Verpackung eines einzigen Päckchens aus, um daran zu versterben.

FALL 12

MEDIKAMENTENSAMMLUNG EINES HEROINSÜCHTIGEN

Beschrifte Medikamente und Drogen
Institut für Rechtsmedizin der Charité –
Universitätsmedizin Berlin

Ein 33-jähriger Mann wird von einem Freund verwirrt und kaum ansprechbar in seiner Wohnung angetroffen. Die letzten zwei Tage hat er ihn bei seinem bereits drei Wochen andauernden, selbstständigen Heroinentzug unterstützt. Etwa zwei Stunden später sitzt der Drogenabhängige leblos im Schneidersitz, den Kopf nach vorn gebeugt, die Nase in weißes Pulver getunkt. Die Reanimation durch die hinzugerufenen Rettungskräfte verläuft erfolglos. Um ein Fremdverschulden auszuschließen, wird eine Obduktion angeordnet. Diese ergibt eine ausgeprägte Blutfülle der inneren Organe und eine massive Schwellung des Gehirns. Die Analyse des Blutes zeigt eine tödliche Dosis des Drogenersatzmittels Methoxetamin (MXE). MXE ist ein Derivat des Arzneistoffes Ketamin, ein Schmerz- und Narkosemittel. Es wird häufig von Drogenabhängigen als so genannte Rauschdroge oder als Ersatzdroge beim Entzug verwendet.

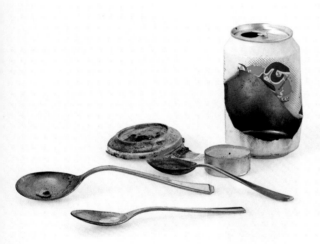

Drogenkonsum-Utensilien
Institut für Rechtsmedizin der Charité –
Universitätsmedizin Berlin

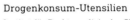

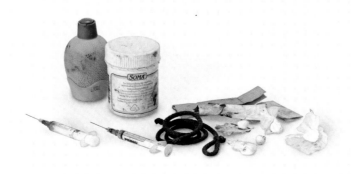

BEI DER BEARBEITUNG VON KRIMINAL-
FÄLLEN KÖNNEN INSEKTEN WESENTLICHE
HINWEISE ZUR AUFKLÄRUNG LIEFERN.
DIE HÄUFIGSTEN FORENSISCH-ENTOMOLO-
GISCHEN (INSEKTENKUNDLICHEN) FRAGEN
WERDEN MIT DEM ZIEL GESTELLT, DAS
SO GENANNTE POSTMORTALE INTERVALL
EINZUGRENZEN – ALSO DIE ZEIT ZWISCHEN
TODESEINTRITT UND AUFFINDEN DES
LEICHNAMS.

M O L O
G

02

Durch die Art und das Entwicklungsstadium der
Insektenlarven – in der Praxis sind dies am häufigs-
ten Fliegenmaden – kann ihr Alter bestimmt werden.
Die Entwicklungsgeschwindigkeit ist von mehreren
Faktoren abhängig: der Umgebungstemperatur, der
Lage und Erreichbarkeit des Leichnams sowie den
Licht- und Wetterverhältnissen am Auffindungsort.
Damit lässt sich das postmortale Intervall auch
bei bereits erheblichen Fäulnisveränderungen ein-
grenzen.

FORENSISCHE
ENTC
IE

01

Je größer dieser Zeitraum ist, desto schwieriger wird eine zeitliche Festlegung. Dies gilt vor allem, wenn bereits Fäulnisveränderungen eingesetzt haben. Insekten nutzen einen Leichnam oft schon nach wenigen Stunden als Nahrungsquelle, aber auch als Ort der Eiablage. Um abzuschätzen, wie lange die Leiche am Fundort gelegen hat, geht man von der Annahme aus, dass die Insekten ihre Eier erst nach Eintritt des Todes ablegen.

03

Bei Lebenden kommen Insekten für forensische Zwecke ebenfalls zum Einsatz. Sind etwa Wunden oder Hautfalten von Maden bzw. Insekten besiedelt, so lässt dies Rückschlüsse auf die Dauer einer Vernachlässigung zu.

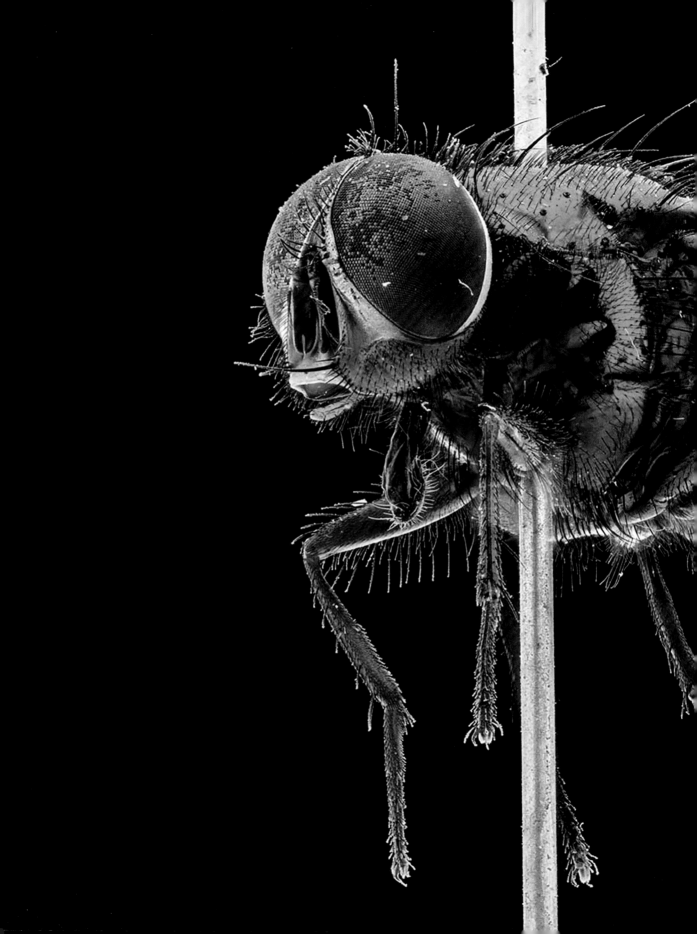

CALLIPHORIDAE
(SCHMEISSFLIEGE)

© schurian.com

LEICHENFAUNA

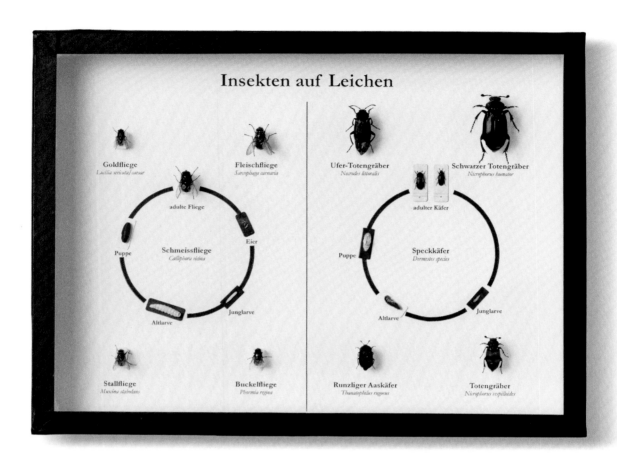

Insekten auf Leichen

Goldfliege
Lucilia sericata/caesar

Fleischfliege
Sarcophaga carnaria

Ufer-Totengräber
Necrodes littoralis

Schwarzer Totengräber
Nicrophorus humator

adulte Fliege

Eier

Schmeissfliege
Calliphora vicina

Puppe

Altlarve

Junglarve

adulter Käfer

Speckkäfer
Dermestes species

Puppe

Altlarve

Junglarve

Stallfliege
Muscina stabulans

Buckelfliege
Phormia regina

Runzliger Aaskäfer
Thanatophilus rugosus

Totengräber
Nicrophorus vespilloides

**Entwicklungsstufen der
Musca vomitoria (Schmeißfliege)**

Zoologische Lehrsammlung, Institut für Biologie,
Humboldt-Universität zu Berlin

Fliegeneier im Kopfhaar einer Leiche

Institut für Rechtsmedizin des
Universitätsklinikums Halle (Saale)

Calliphora (Fliegenmaden)
Silphidae (Larven des Aaskäfers)
Thanatophilus rugosus
(Runzeliger Aaskäfer)

Der vollständig bekleidete Leichnam
wurde im Juni in einem Waldstück
aufgefunden. 21 Tage zuvor war der
55-Jährige zuletzt lebend gesehen
worden. Sein Leichnam war deutlich
fäulnisverändert mit Teilskelettierung
des Kopf-, Hals- und Rumpfbereiches
sowie der oberen Extremitäten. Der
gesamte Körper wies massiven Maden-
befall auf. Außerdem fanden sich
vereinzelt Puppen und Käfer. Todesursächlich war eine Medikamenten-
intoxikation in suizidaler Absicht.

Institut für Rechtsmedizin der Charité –
Universitätsmedizin Berlin

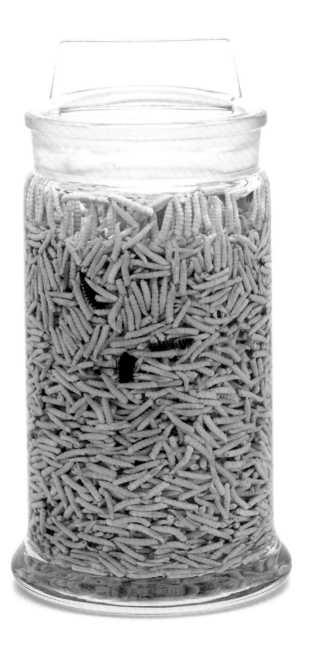

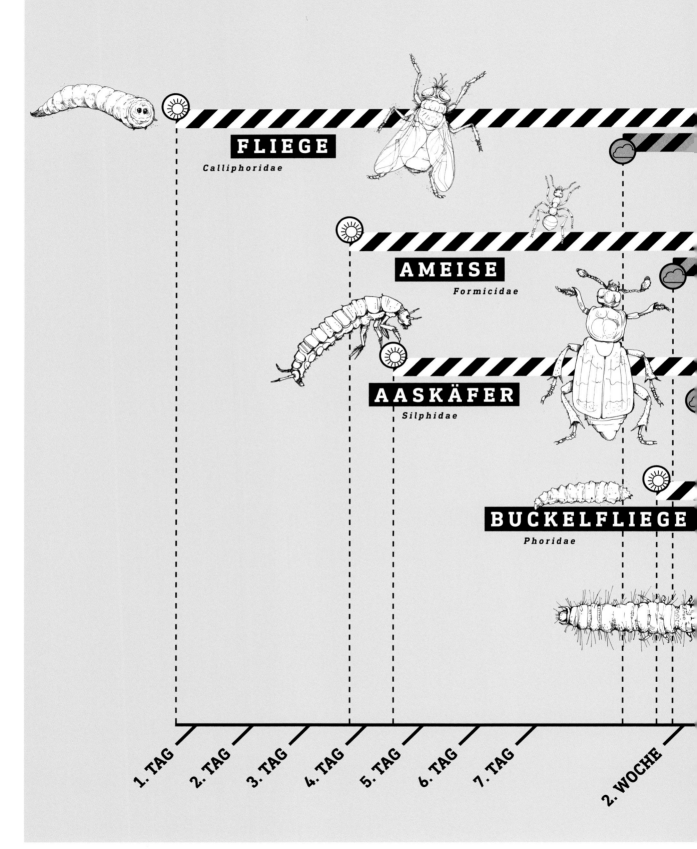

FLIEGE
Calliphoridae

AMEISE
Formicidae

AASKÄFER
Silphidae

BUCKELFLIEGE
Phoridae

1. TAG   2. TAG   3. TAG   4. TAG   5. TAG   6. TAG   7. TAG   2. WOCHE

LEICHENBESIEDLUNG

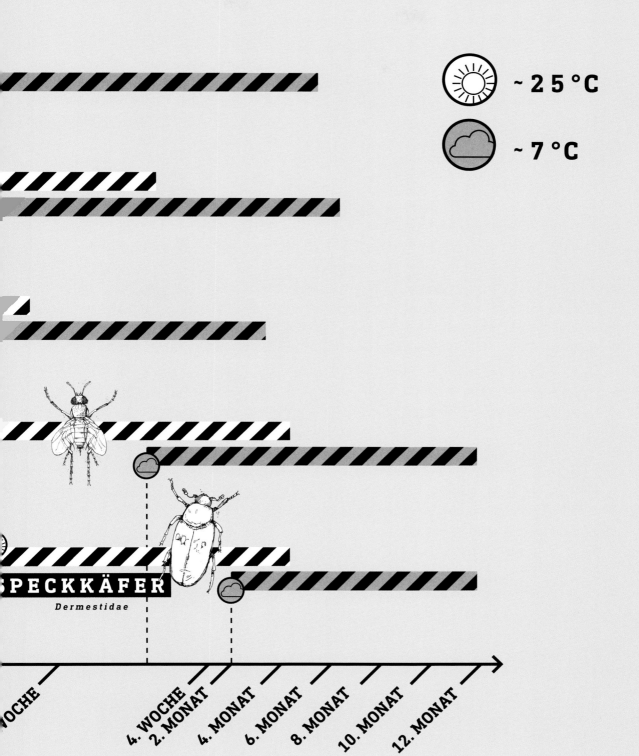

~ 25 °C

~ 7 °C

SPECKKÄFER

Dermestidae

WOCHE 4. WOCHE 2. MONAT 4. MONAT 6. MONAT 8. MONAT 10. MONAT 12. MONAT

FALL 14

MUMIFIZIERUNG

Mumifizierte Hand mit Exuvien
des *Dermestes haemorrhoidalis*
(Speckkäfer)
Institut für Rechtsmedizin der Charité –
Universitätsmedizin Berlin

Ein 60-jähriger Mann wurde im Februar
vollständig bekleidet im Bett in seinem
Einfamilienhaus tot aufgefunden. Überall
im Haus lagerten Sperrmüll und Abfall-
reste. Der nur noch 18 kg schwere Körper
war zum größten Teil skelettiert und
mumifiziert. Im Umfeld des Bettes fanden
sich unzählige tote Fliegen, Käfer, Maden
und Exuvien. Dabei handelt es sich um die
abgeworfenen Häute von so genannten
Häutungstieren, in diesem Fall des Zwei-
farbigen Behaarten Speckkäfers.

Die Larven von *Dermestes haemorrhoidalis* häuten sich im Verlauf ihrer Entwicklung fünf- bis neunmal. Sie bevorzugen trockenes Gewebe und sind deshalb auf einer Leiche erst im fortgeschrittenen Zersetzungsstadium anzutreffen. Die polizeilichen Ermittlungen ergaben, dass der 60-Jährige vor etwa einem Jahr das letzte Mal lebend gesehen wurde. Zur eindeutigen Identifizierung wurden Fingernägel und Reste der Muskulatur des Verstorbenen für eine DNA-Analyse entnommen. Eine Bestimmung der Todesursache war nicht mehr möglich.

Lucilia sericata
Lucilia caesar
Lucilia illustris
Phormia regina

Ende August fand eine Spaziergängerin morgens den bekleideten Leichnam einer jungen Frau an einem Feldrain. Als ermittlungsrelevant erwiesen sich mehrere hundert Fliegenlarven des 1. Larvenstadiums der *Lucilia sericata* (Goldfliege) und der *Lucilia caesar* (Kaisergoldfliege) sowie ein Exemplar der *Lucilia sericata* im 2. Larvenstadium. Da *Lucilia*-Arten nachts nicht fliegen, ergab sich eine Mindestliegezeit des Leichnams von 10–12 Stunden. Drei Tage später wurde in der Umgebung eine zweite Leiche gefunden. Es handelte sich hierbei um den Ehemann der Toten. Hier wurden u.a. Larven des 3. Larvenstadiums der *Lucilia illustris* mit einer Länge von 10 mm und *Phormia regina* (Königliche Glanzfliege) mit einer Länge von 14 mm gefunden. Zum Erreichen dieser Länge benötigen die Larven der *Phormia regina* 74,4 Stunden. Dem nach lag die Leichenbesiedelungszeit bei 70–80 Stunden. Unter Berücksichtigung der Klimadaten gelang es den Ermittlern, den zeitlichen Ablauf zu rekonstruieren und festzustellen, dass der Mann nach der Frau starb. Weitere kriminaltechnische Ergebnisse zeigten, dass der Ehemann zunächst seine Frau und danach sich selbst getötet hatte.

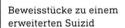

**Beweisstücke zu einem
erweiterten Suizid**

Marcus Schwarz,
Institut für Rechtsmedizin,
Universität Leipzig

FALL 16

PFLEGEVERNACHLÄSSIGUNG

Muscina stabulans

Muscina stabulans (Stallfliege) –
Fall von Pflegevernachlässigung

Mark Benecke, Köln

Eine ältere Dame, wohnhaft in einer sauberen Wohnung in einem innerstädtischen Mietshaus, wurde täglich durch eine externe Pflegekraft betreut. Diese Pflegerin weigerte sich nach eigenen Angaben aber etwa eine Woche lang, die alte Frau zu besuchen, da sie zuletzt sehr »garstig« gewesen sei. Schließlich wird die Rentnerin tot in ihrer Wohnung aufgefunden. Die Leiche liegt neben einer angeschalteten Leselampe; mehrere Rätselhefte stapeln sich neben ihr. Das Gesicht ist vertrocknet, der Hosenbereich hingegen feucht. Am Leichnam finden sich erwachsene, tote Exemplare der *Muscina stabulans*, die einen kompletten Entwicklungszyklus durchlaufen haben. Die festgestellte Raumtemperatur beträgt 20 °C. Die Untersuchungen sollten nun klären, ob die Angaben der Pflegerin der Wahrheit entsprechen. Unter der Annahme, dass die gemessene Temperatur in der Wohnung auch in der zurückliegenden Zeit geherrscht hat, muss davon ausgegangen werden, dass die vorgefundenen Insekten älter als sieben Tage waren. Als einziger Eiablageplatz in der Wohnung kam die Leiche in Frage. Da nur wenige Fliegen gefunden wurden, ist davon auszugehen, dass sie aus dem Eigelege von nur einer Fliege stammen. Aus der Berechnung der Entwicklungszeit lässt sich schlussfolgern, dass der Leichnam seit etwa drei Wochen besiedelt worden war.

DER ROTE FADEN FALL

In der Schädelhöhle findet sich ein Hirngewebsrest, der für chemisch-toxikologische Untersuchungen herangezogen wird. Diese ergeben jedoch keinen Hinweis auf Medikamente, Drogen oder andere toxische Stoffe, die zum Zeitpunkt des Todes auf den Körper eingewirkt haben könnten. Weiterhin finden sich dort einige Maden und Puppen von Fliegen. Zur Bestimmung der Arten wird ein forensischer Entomologe hinzugezogen, der 2 Insektenspezies nachweisen kann: Larven der *Piophila casei* (Käsefliege) und Larven der Familie *Staphylinidae* (Kurzflügelkäfer). Die Tiere sind im Larvenstadium darauf spezialisiert, kleinste Reste von organischem Gewebe zu zersetzen. Für den Fundort des Schädels sind sie typische Vertreter. Ihr Vorhandensein und ihr Entwicklungsstadium sprechen für eine mehrmonatige (mindestens aber 12-wöchige) Liegezeit. Die Insekten haben in diesem Fall aber keine weitere forensische Relevanz.

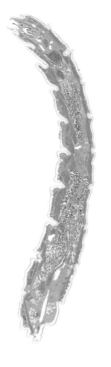

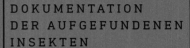

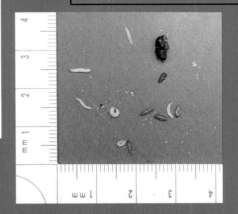

FEINGEWEBLICHER SCHNITT
DER LARVE DER *PIOPHILA
CASEI* (KÄSEFLIEGE)

ABSAMMELN
DER INSEKTEN

BLICK AUF DIE SCHÄDEL-
BASIS MIT GEWEBSRESTEN

UM PERSONEN ZU IDENTIFIZIEREN, WENDET
DIE KRIMINALPOLIZEI DAS BIOMETRISCHE
VERFAHREN DES DAKTYLOSKOPISCHEN
IDENTITÄTSNACHWEISES AN. HIERBEI WIRD
DIE VERSCHIEDENARTIGKEIT DER HAUTLEIS-
TEN AN DEN FINGERBEEREN UND HANDFLÄ-
CHEN, ABER AUCH AN DEN FUSSSOHLEN VON
MENSCHEN ERFASST UND AUSGEWERTET.

0 2

Eine daktyloskopische Spur ist das Abbild der
Bereiche der Leistenhaut, die bei einem Berührungs-
vorgang als Abdruck zurückbleiben. Jeder Fingerabdruck ist einzigartig. Wenn der am Tatort gesicherte
Abdruck und der Vergleichsabdruck in mindestens
12 anatomischen Merkmalen in ihrer Form und Lage
übereinstimmen, gilt vor Gericht ein Identitätsnachweis als erbracht. Fingerspuren sind oftmals schwer
zu erkennen.

D
LOSK

Die Leistenhaut bildet sich etwa im vierten Schwangerschaftsmonat im Mutterleib aus. Das entstehende individuelle Hautrelief eines Menschen bleibt von der Geburt bis über den Tod hinaus unverändert. So ist es möglich, auch Leichen zu identifizieren, solange die Lederhaut noch erhalten ist. Die Papillarleiste ist eine wallartige Erhöhung der oberen Hautschichten. Ihre verschiedenen Merkmale bestimmen die Individualität des Hautleistengebildes. Es wird zwischen drei Grundmustern der Fingerbeeren unterschieden: Bogen-, Wirbel- und Schleifenmuster. Deren anatomische Merkmale ergeben sich etwa durch beginnende und endende Leisten, eingelagerte Leistengebilde oder Gabelungen im Papillarleistenverlauf.

AKTY
O PIE

Ihre Sichtbarmachung und Sicherung gelingt durch physikalische oder chemische Verfahren. Dabei greifen Daktyloskopen häufig auf Spurensicherungspulver zurück, zum Beispiel Rußpulver. Seit 1993 ermöglicht in Deutschland das Automatisierte Fingerabdruckidentifizierungssystem (AFIS) den Abgleich sichergestellter Fingerabdrücke mit erkennungsdienstlichem Vergleichsmaterial von Beschuldigten.

HANDFLÄCHENABDRUCK

DAKTYLOSKOPISCHE ABDRUCKSPUREN

Suche und Sichtbarmachung

Daktyloskopische Abdruckspuren können durch optische Verfahren (z.B. UV-Licht, Lupe), durch chemische Substanzen (tränken, tauchen oder bedampfen) oder durch physikalische Methoden (einstäuben mit Ruß-, Eisen- oder Aluminiumpulver) sichtbar gemacht werden. Die Auswahl richtet sich insbesondere nach dem Material, der Oberflächenbeschaffenheit, aber auch der Farbe und dem Alter des Spurenträgers. Am Tatort wird meist das so genannte Adhäsionsverfahren (Einstäubeverfahren) angewendet. Saugende Untergründe wie Papier hingegen werden unter Laborbedingungen mit einem Spurensicherungsmittel behandelt, das durch eine chemische Reaktion einen Bestandteil des Schweißes sichtbar machen kann. Gegenstände aus Kupfer, Messing oder Aluminium werden mit Essigsäure bedampft, sodass sich die Spur durch die Oxidation herausbilden kann.

Lupe mit Spurenkarte, Spurensicherungsfolien und Einstaubgerät mit Marabufedern

LKA Berlin Kriminaltechnisches Institut, FB Tatortgruppe (LKA KTI 21)

**Tatwerkzeug mit Sicherung
eines Fingerabdrucks des Täters**

LKA Berlin Kriminaltechnisches
Institut, FB Tatortgruppe (LKA KTI 21)

Sicherung

Beim Einsatz von Adhäsionsmitteln wird mit dem Pinsel vorsichtig ein
feines Pulver in einer Richtung auf die zu untersuchende Oberfläche
aufgebracht. Auf die nun sichtbar gewordene Spur wird eine Spuren-
sicherungsfolie aufgesetzt, an der das Pulver haften bleibt. Diese Folien
haben, je nach verwendetem Pulver, unterschiedliche Klebekraft, Farbe
und Elastizität. Die auf der Folie gesicherte Spur wird auf eine weiße
Spurenkarte geklebt oder auf eine andere Trägerschicht übertragen,
gekennzeichnet und anschließend ausgewertet.

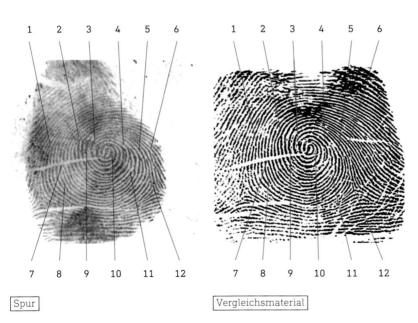

IDENTITÄT

Spur

Vergleichsmaterial

**Auswertung von daktyloskopischen
Abdruckspuren**

»Der Identitätsnachweis gilt nach deut-
schem Recht als geführt, wenn bei einer
Nichterkennbarkeit des Grundmusters
12 Minutien (anatomische Merkmale),
bzw. bei Erkennbarkeit des Grundmusters 8 Minutien übereinstimmen. Für
die Rechtsfindung und Rechtsprechung
hat der Bundesgerichtshof den Beweiswert der Daktyloskopie uneingeschränkt
anerkannt.«
(BGH – Urteil vom 11.06.1952 –
3 Str. 229/52 LG Frankfurt)

LKA Berlin Kriminaltechnisches Institut,
FB Tatortgruppe (LKA KTI 21)

Türfragment mit Rußpulverrückständen
Im Dezember 2015 wird im Atelier von Markus
Lüpertz – einem der bekanntesten deutschen
Künstler der Gegenwart – eingebrochen. Unbekannte stehlen Kunstwerke im Wert von mehreren
hunderttausend Euro. Die Spurensicherung untersucht in diesem Zusammenhang unter anderem
diese Tür des Ateliers auf Fingerabdrücke. Nach
Auswertung der Vergleichsspuren aller zugangs-
berechtigten Personen zum Atelier können keine
tatrelevanten daktyloskopischen Spuren gefunden
werden. Das Beweismittel wird durch die Polizei
freigegeben. Sechs Wochen später stellen die
Diebe unbemerkt fast die gesamte Beute, bis auf
ein Bild, wieder vor dem Atelier des Malers ab.
Bis heute konnten keine Täter ermittelt werden.
Markus Lüpertz

Teil eines Türrahmens mit blutigem Fingerabdruck des Täters

Am Tatort eines Raubmordes werden am Rahmen der Zimmertür mehrere blutige Fingerabdrücke gesichert. Durch die erfolgreiche Suche in der damaligen Kartei (Fingerabdruckblätter) der Polizei kann ein Fingerabdruck anhand der anatomischen Merkmale eindeutig einem Spurenverursacher zugeordnet werden. Der so überführte Täter hatte über 30 Mal auf sein Opfer eingestochen und einge-schlagen, bevor es drei Wochen später tot in seiner Wohnung aufgefunden wurde.

Polizeihistorische Sammlung Berlin

Vergrößerung der blutigen Finger-abdrücke am Türrahmen mit Kennzeichnung der 8 anatomischen Merkmale zum Identitätsnachweis

Polizeihistorische Sammlung Berlin

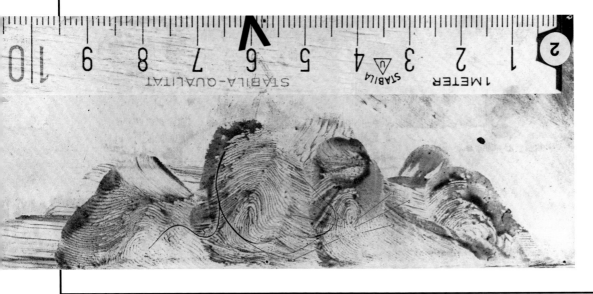

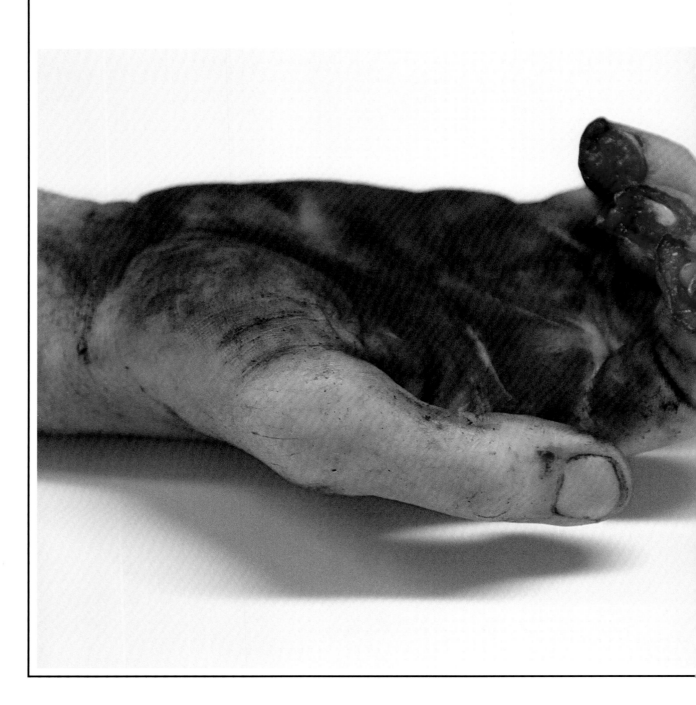

Sicherung des Handflächenabdrucks des Opfers

Im Zuge der kriminaltechnischen Untersuchungen müssen die Hand- und Fingerabdrücke des Opfers gesichert werden. Dafür werden die Handinnenflächen des Toten mit Farbe geschwärzt und auf ein Papier übertragen. Diese Vergleichsabdrücke sind notwendig, um Spuren am Tatort zuzuordnen und den Ablauf der Tat zu rekonstruieren.

Institut für Rechtsmedizin der Charité – Universitätsmedizin Berlin

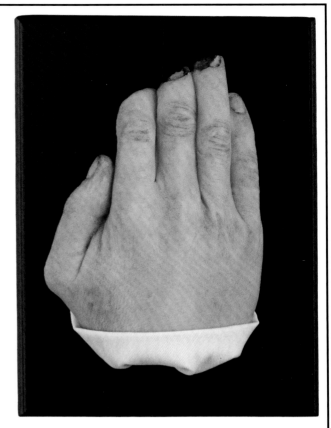

Wachsmoulage mit passiver Abwehrverletzung

Ein 42-jähriger Mann versucht vergeblich, sich mit seinen Armen vor dem tödlichen Angriff des Täters zu schützen. Die dabei verwendete Axt trennt drei Fingerkuppen der rechten Hand ab. Todesursächlich waren in diesem Fall die ausgedehnte Zertrümmerung des Schädels durch Hiebverletzungen sowie mehrere Stiche in Brust- und Bauchraum.

Navena Widulin, Berliner Medizinhistorisches Museum der Charité – Universitätsmedizin Berlin

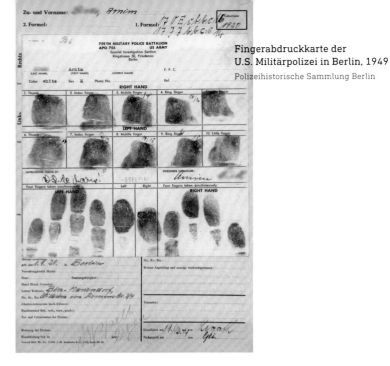

Fingerabdruckkarte der
U.S. Militärpolizei in Berlin, 1949
Polizeihistorische Sammlung Berlin

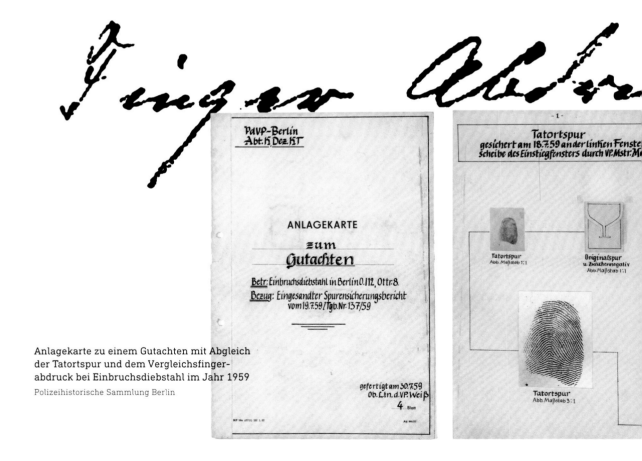

Anlagekarte zu einem Gutachten mit Abgleich
der Tatortspur und dem Vergleichsfinger-
abdruck bei Einbruchsdiebstahl im Jahr 1959
Polizeihistorische Sammlung Berlin

Persönliche Aufzeichnungen eines Polizisten zu verschiedenen (vermutlich von ihm bearbeiteten) Straftaten, um 1900

Polizeihistorische Sammlung Berlin

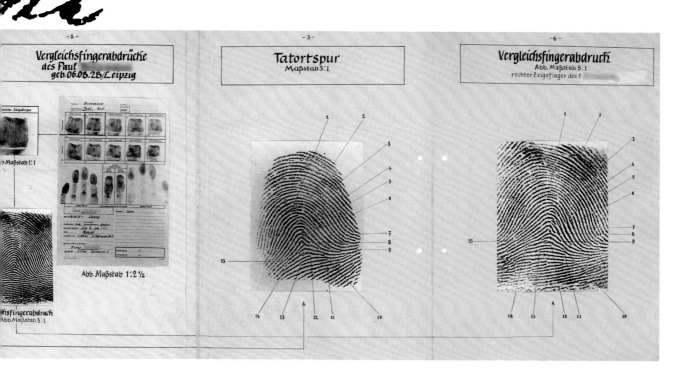

DIE FORENSISCHE GENETIK UNTERSUCHT
ANHAND DER DNA-ANALYSE BIOLOGISCHE
SPUREN UND DEREN ZUORDNUNG ZU PERSO-
NEN, UM BEISPIELSWEISE SCHWERE STRAF-
TATEN AUFZUKLÄREN. SIE REKONSTRUIERT
VERWANDTSCHAFTSBEZIEHUNGEN, POPULA-
TIONSZUGEHÖRIGKEITEN SOWIE INDIVIDU-
ELLE LEBENSGESCHICHTEN VON LEBENDEN
UND TOTEN INDIVIDUEN.

N E

02

Diese im polizeilichen Auftrag erstellten DNA-Muster
werden der Datenbank des Bundeskriminalamts
zur Verfügung gestellt. Seit 1998 werden dort zentral
alle DNA-Muster von beschuldigten und bereits ver-
urteilten Personen unter genau definierten Bedingungen sowie von am Tatort aufgefundenem Spuren-
material gespeichert und abgeglichen. In Deutschland wertet man ausschließlich nicht-kodierende
DNA-Abschnitte aus, die keinerlei Rückschlüsse
auf Aussehen und Eigenschaften des Spurenverur-
sachers zulassen. Zur Zeit werden routinemäßig 16
DNA-Systeme für die deutsche DNA-Datenbank analysiert, d.h., man erhält ein einzigartiges DNA-Muster
einer Person (mit Ausnahme eineiiger Zwillinge).

T

FORENSISCHE GE

01

Die Erbinformation aller Lebewesen ist in der DNA festgeschrieben. Diese findet sich in jeder Körperzelle und kann vom Täter als »genetischer Fingerabdruck« am Tatort zurückgelassen werden. Aus praktisch allen Sekreten und Geweben des menschlichen Körpers wie Blut, Speichel, Sperma, Urin, Muskelgewebe, Haut, Knochen, Haaren oder Schweiß lässt sich die DNA mittels moderner automatisierter Methoden isolieren, vermehren und analysieren.

03

Jenseits dieser Auswertungen können biologische Proben unbekannter Toter mit Vergleichsspuren vermisster Personen abgeglichen werden und so zur Identifizierung von unbekannten Toten führen. Darüber hinaus ermöglicht die DNA-Analyse eine Beurteilung von biologischen Abstammungsverhältnissen. Basierend auf dem jeweiligen Erbgang lassen sich so nach einem Mundhöhlenabstrich Vaterschaftstests durchführen oder komplexe familiäre Abstammungen klären.

IK

AUSGEFÄLLTE
MENSCHLICHE DNA

Institut für Pathologie der Charité,
Abt. Molekulargenetik –
Universitätsmedizin Berlin

Die Alkohol-Fällung ist eine klassische
Methode zum Isolieren, Reinigen
und Konzentrieren von DNA. Durch
die Zugabe von Natriumacetat in eine
Alkohollösung wird die DNA als feiner
weißlicher Fäden sichtbar, der sich
am Boden des Gefäßes absetzt.

DNA-ANALYSE

Ein weiteres neues Kapitel der Forensik ist bereits aufgeschlagen worden: die molekulargenetische Kodierung typischer Erscheinungsformen
im Aussehen von Individuen, wie z.B. Haar-, Augen- und Hautfarbe. In
Rotterdam ist eigens für diese Fragestellungen ein Institut für Forensische Molekularbiologie eingerichtet worden. Die erste Euphorie über
das genetische Phantombild hat sich jedoch gelegt; die genetische Kodierung sichtbarer Merkmale erweist sich als hoch komplex. Außerdem
steht der Einsatz dieser Informationen in der polizeilichen Ermittlung
im drastischen Widerspruch zur derzeitigen deutschen Gesetzeslage
des § 81a der StPO, der die Untersuchung von DNA nur im nicht-kodie-
renden Bereich erlaubt.

VERDÄCHTIGER

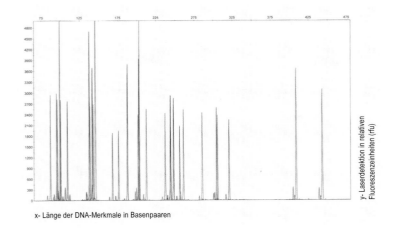

x- Länge der DNA-Merkmale in Basenpaaren

y- Laserdetektion in relativen Fluoreszenzeinheiten (rfu)

SPUR

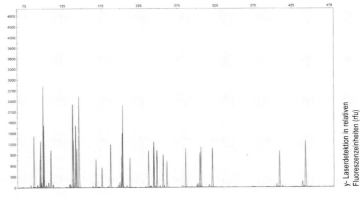

x- Länge der DNA-Merkmale in Basenpaaren

y- Laserdetektion in relativen Fluoreszenzeinheiten (rfu)

Abgleich eines DNA-Musters nach dem Prinzip der Identifizierung mit STRs. Die Proben stammen von einem Tatverdächtigen und einer DNA-Spur aus einem Zigarettenrest.

STR (Short Tandem Repeats) bezeichnet die Wiederholung von kurzen Basenpaarsequenzen in einem DNA-Strang. Die STR-Analyse ist heute die gängigste Methode, um die DNA eines Menschen zu bestimmen. Mithilfe der PCR (Polymerase-Kettenreaktion) werden die zu untersuchenden Abschnitte der extrahierten DNA vervielfältigt, sodass auch noch geringste biologische Spuren dazu beitragen können, den Spurenverursacher zu identifizieren.

Institut für Rechtsmedizin der Charité, Forensische Genetik – Universitätsmedizin Berlin

TREFFER!

Trefferwahrscheinlichkeit 1: 3 Quadrillionen (3×10^{24})

13,14 – 15,17 – 9,12 – 19,23 – X – 12,13 – 29 – 13,18 – **15,18 –12,13 – 6,9.3 – 20,21** – 11,13 – 15 – 16,18.3 – 16,22 – 28.2,37
13,14 – 15,17 – 9,12 – 19,23 – X – 12,13 – 29 – 13,18 – **15,18 –12,13 – 6,9.3 – 20,21** – 11,13 – 15 – 16,18.3 – 16,22 – 28.2,37

Merkmale in jedem untersuchten Merkmalssystem (STR-System)
Diese Zahlen ergeben sich aus der Anzahl der Wiederholungen der kurzen Basenpaarsequenzen in jedem STR-System.

DNA AUF
TATWERKZEUGEN

Bei Blut handelt es sich um eine klassische DNA-Spur. Häufig sind
Blutspuren schon mit dem bloßen Auge sichtbar. Aber auch geringste
Antragungen können durch chemische Verfahren nachgewiesen
werden. Mithilfe der DNA-Analyse kann zum Beispiel ein beblutetes
Messer als Tatwaffe identifiziert werden.

Tatwerkzeuge bei einem Suizid
Institut für Rechtsmedizin der Charité –
Universitätsmedizin Berlin

Anagenes Haar (links), telogenes Haar (rechts)
Durch vergleichende Untersuchungen lässt sich
herausfinden, ob es sich bei Haaren um Men-
schen- oder Tierhaare handelt. Darüber hinaus
kann der Wurzelbereich eines Haares aber auch
DNA-analytisch untersucht werden. Dabei ist
der Wurzelstatus, d.h. ob ein Haar ausgefallen
(telogen) ist oder ausgerissen (anagen) wurde,
wichtig für den Erfolg der DNA-Untersuchung.
Reißt beispielsweise das Opfer dem Täter im
Kampf Haare aus, eignen sich diese sehr gut für
eine DNA-Untersuchung, da sich im Wurzelbereich so genannter anagener Haare viele Haut-
zellen befinden.

Berliner Medizinhistorisches Museum der Charité –
Universitätsmedizin

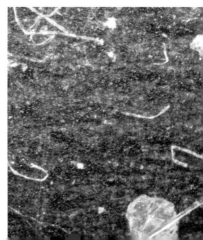

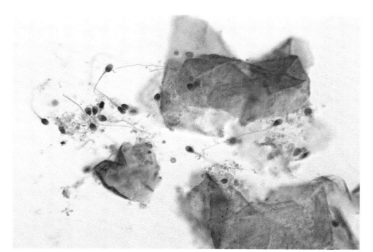

Nachweis mehrerer Spermatozoen mit Kopf und Schwanz

Für den Nachweis von Spermasekret, der vor allem bei Sexualdelikten von besonderer Bedeutung ist, gibt es ganz unterschiedliche Verfahren. Häufig wird ein immunologischer Test angewendet, bei dem das prostataspezifische Antigen (PSA) nachgewiesen wird. Vergleichbar einem Schwangerschaftstest erscheint bei einer positiven Reaktion ein dünner rosafarbener Streifen im Sichtfeld des Teststreifens. Am sichersten ist jedoch der mikroskopische Nachweis von Spermatozoen. Dazu wird ein kleiner Teil der spermasuspekten Spur z.B. aus der Unterwäsche herausgeschnitten, mit destilliertem Wasser befeuchtet und auf einem Objektträger ausgestrichen. Mit einer Schnellfärbung werden Spermatozoen angefärbt, und es wird eine Doppelfärbung (rosa und dunkelrot) des Spermatozoenköpfchens sichtbar sowie der charakteristische Schwanz.

Landeskriminalamt Berlin

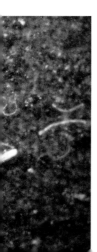

Hautschuppen mit einer Klebefolie gesichert. Neben den Fasern sind die Hautschuppen als kleine silberfarbene Gebilde zu erkennen.

Bei einem Kontakt zwischen Täter und Opfer oder am Tatort können Hautschuppen übertragen werden (Kontaktspuren). Sie werden meist zusammen mit möglichen Fremdfasern auf Klebefolien gesichert. Die Klebefolien werden in der Folge nicht nur auf Fasern, sondern unter dem Mikroskop auch auf Hautschuppen untersucht. Diese werden markiert und einzeln aus den Klebefolien herauspräpariert. In einer anschließenden DNA-Untersuchung wird das DNA-Profil der Schuppe bestimmt.

Landeskriminalamt Berlin

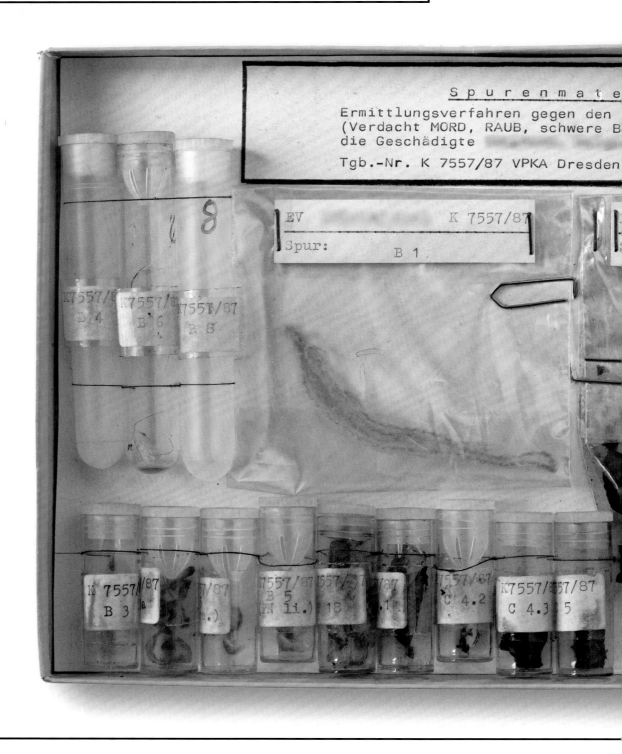

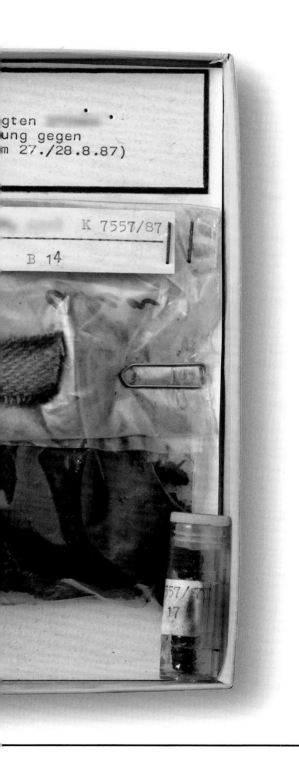

gten

ung gegen

m 27./28.8.87)

K 7557/87

B 14

557/87

17

Spurensammlung eines Raubmordes

Eine Rentnerin wird in ihrem Haus beraubt und anschließend getötet. Zur Verschleierung der Tat und um Spuren zu vernichten, zündet der Täter das Haus der Toten an. Spezialisten der Polizei – so genannte Brandursachenermittler – stellen trotzdem einige unversehrte Spuren am Tatort sicher, z.B. Textilfasern und Haare. Durch diese Spuren kann der Täter schließlich ermittelt und überführt werden.

Polizeidirektion Dresden,
Polizeihistorische Sammlung

DER ROTE FADEN FALL

5

Zähne eignen sich besonders gut zur Gewinnung von menschlicher DNA, da sich auch bei fortgeschrittener Verwesung einer Leiche DNA-haltiges Material beispielsweise in der geschützten Zahnhöhle findet. Im Genom lässt sich das X-Chromosom nachweisen und dadurch das weibliche Geschlecht bestätigen. Der Abgleich des DNA-Profils mit der Vermisstendatenbank des LKA ergibt einen Treffer. Demnach handelt es sich um eine Frau im Alter von 72 Jahren, die vor einem Jahr und acht Monaten von ihren Angehörigen als vermisst gemeldet worden war. Die Feststellung der Todesursache und der Umstände ihres Todes war bisher nicht möglich. Die am Fundort sichergestellte Kleidung wird nun im Labor untersucht, um zu klären, ob sie der Frau gehört haben könnte. Aufgrund des stark verwitterten Zustandes und der langen Liegezeit im Freien ist es nicht möglich, das notwendige Material für ein DNA-Profil zu sichern.

PROBENENTNAHME AUS
DER KLEIDUNG FÜR DIE
DNA-ANALYSE

PROBENGEFÄSSE

ABKLEBEN DER KLEIDUNG
MIT KLEBEFOLIE AN
STELLEN, WO AM EHESTEN
DNA ZU ERWARTEN IST

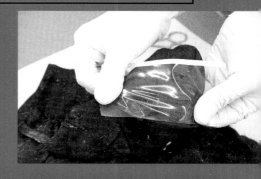

AUFBEREITUNG
DER ZÄHNE FÜR DIE
DNA-ANALYSE

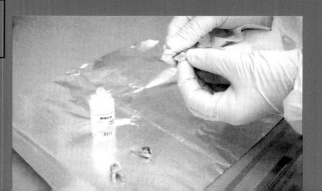

DIE BLUTSPURENMUSTERANALYSE BESCHREIBT UND BEURTEILT BLUTSPUREN SYSTEMATISCH AUF GRUND- LAGE PHYSIKALISCHER GESETZE. KOMMT ES BEI EINEM GEWALTGESCHEHEN ZU BLUTIGEN WUNDEN, SO ENT- STEHEN IM UMFELD MEIST TYPISCHE BLUTVERTEI- LUNGSMUSTER WIE Z.B. SPRITZFELDER. NACH VERMES- SEN DER GRÖSSEN, BESTIMMUNG DER ANZAHL UND BESCHREIBUNG DER VERTEILUNG DER BLUTSPUREN IN EINEM SPRITZFELD LASSEN SICH TRIGONOMETRISCH DER AUFTREFFWINKEL UND DER URSPRUNGSORT DER BLUTSPRITZER BERECHNEN.

SPUR

M

03 —

Die dritte Gruppe umfasst alle übrigen Spurentypen. Hierzu gehören unter anderem geronnenes oder verdünntes Blut, aber auch Aussparungen. Der Versuch, Blutspuren rückstandsfrei zu beseitigen, ist fast unmöglich. Selbst ein neuer Farbanstrich der Wand kann nicht verhindern, dass noch nach Jahren so genannte latente Blutspuren gefunden werden.

ANA

BLUT
EN-
USTER
YSE

01

Ballistische Flugbahnen exakt zu bestimmen, ist dagegen komplexer. Man kann sie nur durch den Beschleunigungsgrad und die Größe der Blutspur unter Berücksichtigung der Luftreibung ermitteln. Heutzutage unterteilt man Blutspuren in drei Kategorien: Zum einen gibt es die passiven Blutspuren, welche schwerkraftbedingt entstehen, wie etwa Flussspur, Tropfenspur, Lachenbildung oder auch die Kontaktspur.

02

Eine zweite Kategorie bilden die Spritzfelder. Sie können durch aktive Einwirkungsmechanismen, wie zum Beispiel einen Schuss, das wiederholte Schlagen auf eine blutige Verletzung (oftmals entstehen Blutspuren erst mit dem zweiten Schlag) oder durch ausgeatmetes Blut entstehen.

TATWERKZEUGE MIT
BLUTANHAFTUNGEN
Gemeinsame Asservatenstelle der Staatsanwaltschaft Berlin für die Justizbehörden
im Kriminalgericht Moabit

3D-Modell mit den Ursprungsgebieten der Spritzfelder
Aus mehreren Blutspritzern, die einem Schlagereignis zuzuordnen sind, wird durch Verschneiden der Parabeln der Ursprungsraum des Spritzfeldes berechnet. Visualisiert wird das Ergebnis als Strahlen, die eine Kugel im dreidimensionalen Raum schneiden. Das Zentrum der Kugel bestimmt den Schwerpunkt aller berechneten Parabeln. Der Kugelradius grenzt das Ursprungsgebiet ein und bestimmt die Genauigkeit der Berechnung.
LKA Berlin Kriminaltechnisches Institut, AG Blutspurenmusteranalyse (LKA KTI 22)

PHOTOGRAMMETRIE

Bei der Photogrammetrie handelt es sich um ein technisches Verfahren zur Vermessung mit Fotos. Sie erfasst winzige Objekte dreidimensional (Makrofotos), ermöglicht aber auch Bilder von weit ausgedehnten Arealen (Luft- oder Satellitenbildaufnahmen). Bei der Blutspurenmusteranalyse werden hochauflösende Nahaufnahmen verwendet, um einzelne Blutspritzer auf ihre Ausdehnung und Form zu untersuchen. Diese detaillierte Dokumentation erlaubt eine Bestimmung im Submillimeter-Bereich. Werden diese Messfotos mit 3D-Laserscanaufnahmen eines Ereignisortes verbunden, lässt sich der Ursprung von Blutspritzern bestimmen. Diese Rekonstruktion verwendet mathematisch-physikalische Formeln genauso wie eine forensische Spezialsoftware. Die genaue Lokalisierung des Ursprungsgebietes liefert Hinweise auf den Ablauf eines Geschehens oder einer Tathandlung.

Anbringung so genannter Passpunkte im Bereich des Spritzfeldes mit einzelnen Markierungen durch Pfeile vor dem 3D-Laserscan
LKA Berlin Kriminaltechnisches Institut, AG Blutspurenmusteranalyse (LKA KTI 22)

Gelb: Umschriebene Ellipse
Grün: Hauptachse
Blau: Nebenachse

Vermessung der Haupt- und Nebenachse eines elliptischen Blutspritzers
Aus den Parametern Haupt- und Nebenachse der elliptischen Blutspritzer kann eine räumliche Wurfparabel errechnet werden. Die Informationen aus Position (Lage) und Ausrichtung (Form) der Blutspritzer im Raum ermöglichen es, den Auftreffwinkel und die Flugrichtung eines Spritzers zu ermitteln.
LKA Berlin Kriminaltechnisches Institut, AG Blutspurenmusteranalyse (LKA KTI 22)

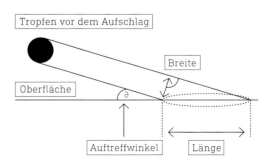

Vermessung des rekonstruierten Tatortes durch einen 3D-Laserscanner
Panoramaaufnahme mit Rekonstruktion einer Überfallsituation durch angedeutete wiederholte Schläge auf den Kopf des Opfers mit einem Gummihammer
LKA Berlin Kriminaltechnisches Institut, AG Blutspurenmusteranalyse (LKA KTI 22)

Spurenfragment des karierten Hemdes auf dem Pullover-Ärmel bei 400-facher Vergrößerung in der Polarisation
Textilien werden häufig als Träger unterschiedlichster Spurenarten sichergestellt. Manche Spuren, wie z.B. Schweiß, Blut, Haare oder Speichel (Gebrauchsspuren) wurden durch den Nutzer der Textilien verursacht. Daneben befinden sich an Textilien häufig Spuren, die durch andere Personen angetragen wurden, so genannte Kontaktspuren. Dabei handelt es sich z.B. um Fremdfasern oder Hautschuppen. Weitere mögliche Spuren sind Textilbeschädigungen z.B. nach tätlichen Angriffen oder Schmauchspuren nach dem Gebrauch von Schusswaffen. Während DNA-Spuren Hinweise auf einen Tatverdächtigen geben, lässt sich durch Faserspuren, Schmauchspuren oder Textilbeschädigungen vor allem nachweisen, ob sich der Tatverdächtige am Tatort aufgehalten hat oder eine bestimmte Waffe verwendet wurde.
LKA Berlin Kriminaltechnisches Institut, FB Textile/Fasern (LKA KTI 45)

Spurenfragment des messingfarbenen Pullovers auf dem Hemdärmel bei 400-facher Vergrößerung in der Polarisation
Fasern können z.B. bei einem Handgemenge von einem Textil auf ein anderes übertragen oder am Tatort hinterlassen werden. Sie geben Aufschluss über einen möglichen Kontakt zwischen Täter und Tatort bzw. zwischen Täter und Opfer. Um sie nachzuweisen, wird die Oberfläche des zu untersuchenden Textils oder Gegenstandes mit transparenten Klebebändern abgeklebt. Diese werden beschriftet, um sie später eindeutig jenen Stellen zuzuordnen, von denen sie gesichert wurden. Unter dem Mikroskop werden die Klebebänder auf mögliche Fremdfasern untersucht. Fasern unterscheiden sich beispielsweise durch das verwendete Material (Natur- oder Kunstfaser), die Farbe oder Struktur. Wird ein Tatverdächtiger ermittelt, können die Fasern der beim Täter sichergestellten Bekleidung mit den am Tatort gesicherten Fasern verglichen werden.
LKA Berlin Kriminaltechnisches Institut, FB Textile/Fasern (LKA KTI 45)

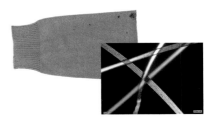

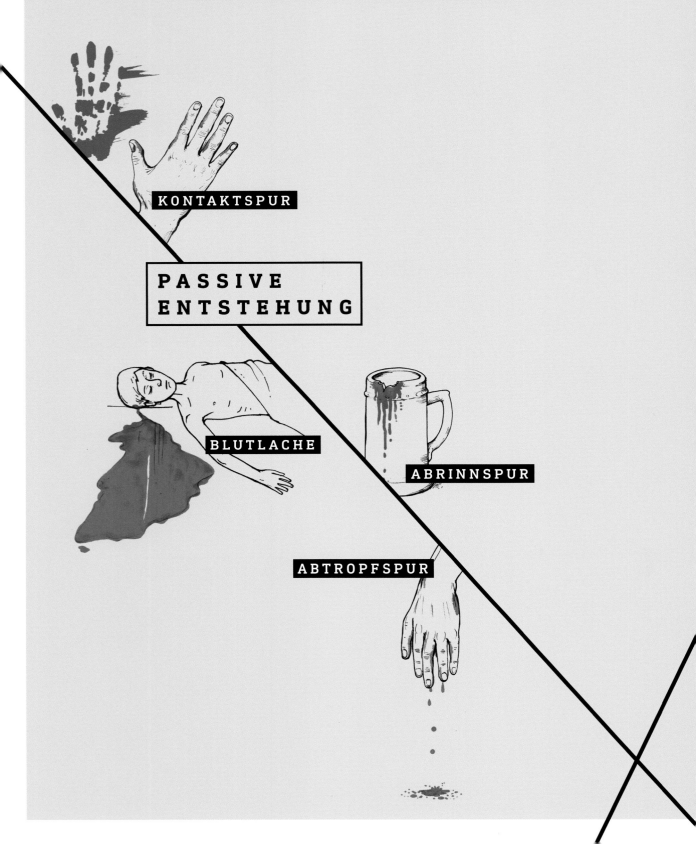

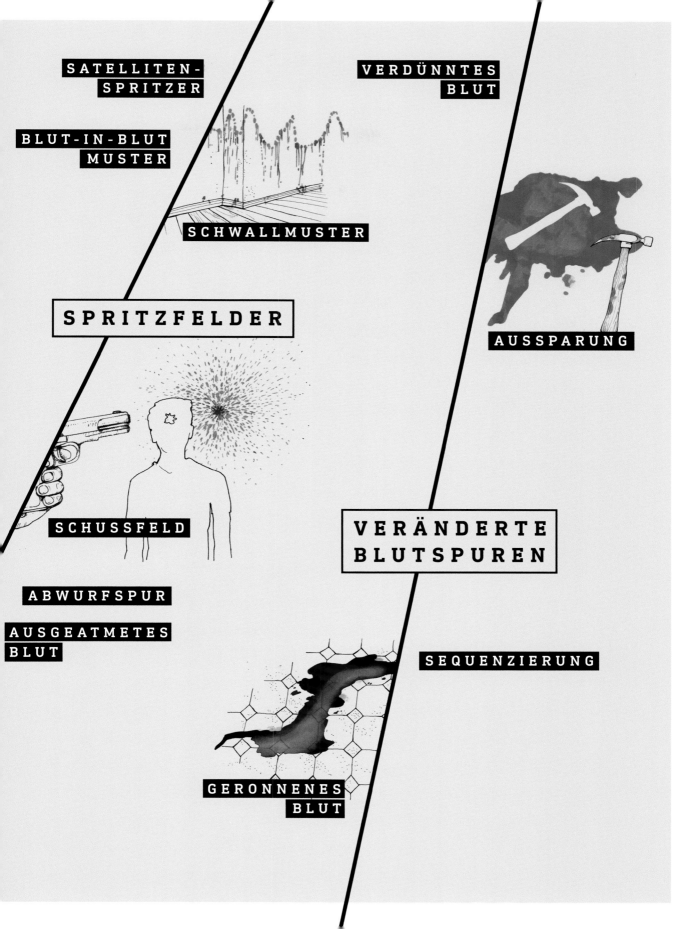

SATELLITEN-
SPRITZER

VERDÜNNTES
BLUT

BLUT-IN-BLUT
MUSTER

SCHWALLMUSTER

AUSSPARUNG

SPRITZFELDER

SCHUSSFELD

VERÄNDERTE
BLUTSPUREN

ABWURFSPUR

AUSGEATMETES
BLUT

SEQUENZIERUNG

GERONNENES
BLUT

Schottersteine eines Bahndamms bei
Tod durch Eisenbahnüberfahrung
Die auf den Steinen befindlichen
Blutspuren sind nach über 60 Jahren
mit bloßem Auge nicht mehr sichtbar.
Institut für Rechtsmedizin des
Universitätsklinikums Halle (Saale)

SICHTBARMACHUNG VON BLUTSPUREN

Luminol ist eine chemische Substanz, mit deren Hilfe latente Blutspuren
sichtbar gemacht werden können. Selbst kleinste Mengen oder stark
verdünntes Blut lassen sich damit nachweisen. Die Sustanz wird
fein zerstäubt auf eine Oberfläche aufgebracht. Der Nachweis basiert
auf einer chemischen Reaktion des Luminol, welches unter Emission
von bläulichem Licht reagiert (Chemolumineszenz). So werden die Blutspuren in einem abgedunkelten Raum erkennbar.

**Sichtbarmachung der Blutspuren
durch LumiScene**

LKA Berlin Kriminaltechnisches Institut,
FB Tatortgruppe (LKA KTI 21)

Blutspritzer und flächige Durch-
tränkungen auf einem Hemdsärmel
nach aufgesetztem Schuss in den
Kopf bei Suizid

Institut für Rechtsmedizin der Charité –
Universitätsmedizin Berlin

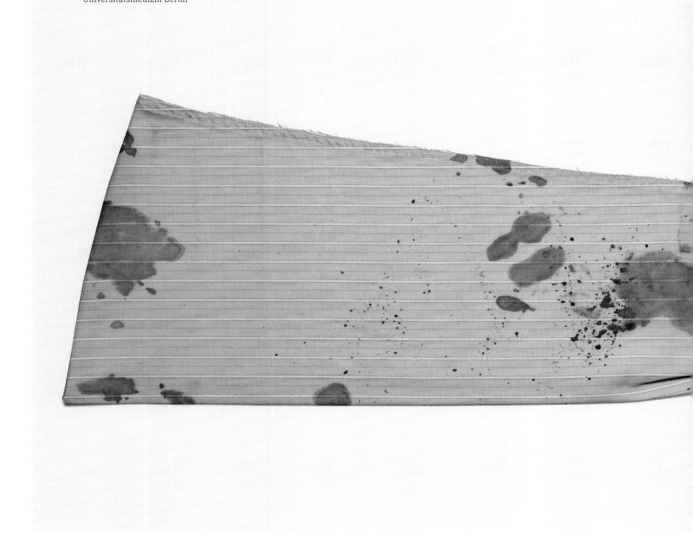

BLUTSPUREN

Blutspuren finden sich häufig in kleinsten Mengen als Tropfen oder Spritzer und in größerer Ausbreitung als Lache oder Spritzfeld an einem Tat- oder Ereignisort. Der zugrunde liegende Blutverlust kann auf die Verletzung eines Menschen zurückzuführen sein. Anhand der Verteilung von Blutspuren am Tatort lässt sich unter bestimmten Umständen der Tathergang rekonstruieren.

Typische Blutrückschleuderspuren an der Hand des Schützen bei aufgesetztem suizidalem Kopfschuss

Institut für Rechtsmedizin der Charité – Universitätsmedizin Berlin

ABDRUCKSPUREN

SCHRAUBENSCHLÜSSEL

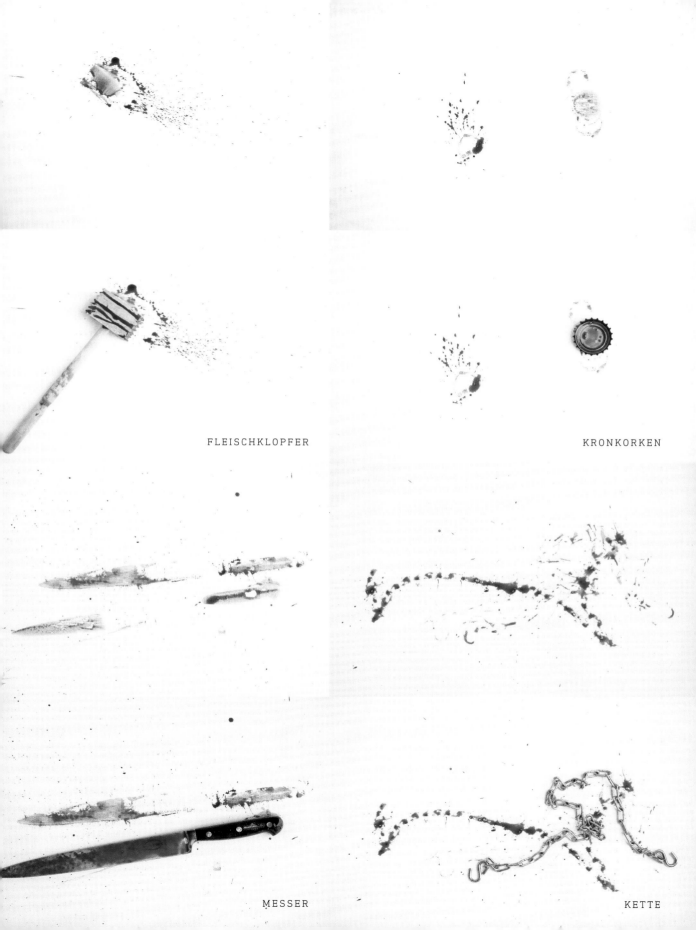

FLEISCHKLOPFER

KRONKORKEN

MESSER

KETTE

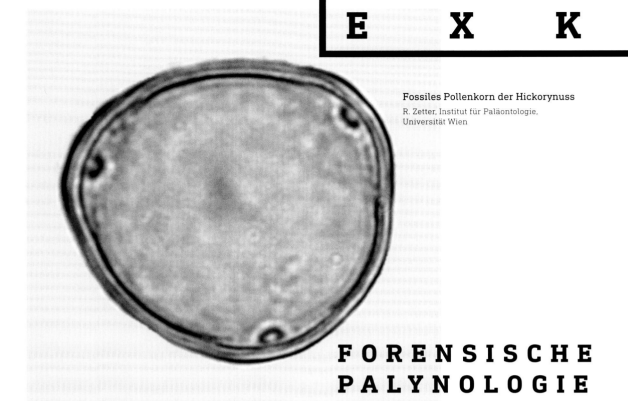

Fossiles Pollenkorn der Hickorynuss
R. Zetter, Institut für Paläontologie,
Universität Wien

FORENSISCHE PALYNOLOGIE

Der 22. November 1958 ist der Geburtstag der Forensischen Palynologie. Es ist der Tag, an dem der 30-jährige Walter Paschinger aus dem 2. Wiener Gemeindebezirk als vermisst gemeldet wird. Sehr rasch ermittelt die Polizei Friedrich Buchta als Verdächtigen. Eine Hausdurchsuchung bringt einen Revolver und verschiedene andere Waffen zum Vorschein. Dadurch in die Enge getrieben, gesteht der 25-Jährige die Tötung, spricht aber von einem bedauerlichen Unfall. Die Erkenntnis, ob es sich um Unfall oder Mord handelt, kann also nur die Leiche bringen. Die mehrmonatige Suche danach bleibt allerdings erfolglos. Denn Buchta führt die Polizei mehrmals zu Orten im Wiener Großraum, von denen er behauptet, die Leiche dort vergraben zu haben. Doch die Leiche bleibt verschwunden. Auf die richtige Spur bringt die Polizei schließlich Dr. Wilhelm Klaus, Geologe und Professor für Paläobotanik an der Universität Wien. Er untersucht Schuhe und Kleidung des Verdächtigen, um Pollenkörner von Pflanzen zu finden, die er einem spezifischen Ort zuweisen kann. Dabei stößt Klaus auf Pflanzenpollen aus dem Auwald und auf ein fossiles Pollenkorn der Hickory-Nuss. Diese Funde sind eindeutig einer Gegend 20 km nördlich von Wien zuzuordnen, der Donau-Au bei Spillern. Als Buchta mit dieser präzisen Angabe über den möglichen Tatort konfrontiert wird, bringt er die Ermittler schließlich zu der Stelle, an der er Paschinger tatsächlich vergraben hat – in der Donau-Au bei Spillern. Dies ist der weltweit erste Fall Forensischer Palynologie, die Pollen und Sporen zur Aufklärung von Verbrechen nutzt.

Martina Weber ,
Abteilung für Strukturelle und Funktionelle Botanik, Universität Wien

Pollen aus einer Bodenprobe
der Donau-Auen
Teil eines Föhrenpollenkorns,
Eiche, Pappel, Erle, Efeu,
Ufer-Weinrebe, Schneeball,
Springkraut, Hahnenfußgewächs
Martina Weber, Abteilung für
Strukturelle und Funktionelle Botanik,
Universität Wien

├──────┤
10 μm

Lokal-Inaugenscheinnahme
am 10. Juni 1960
Gottfried Machata (†)

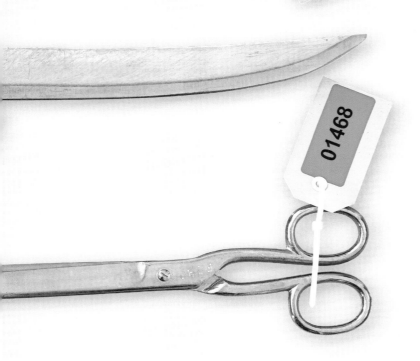

SPUREN

SAMMLUNG

VIER TATWERKZEUGE, DIE IN
EINEM EINZIGEN TÖTUNGSDELIKT
VERWENDET WURDEN
Polizeimuseum Hamburg

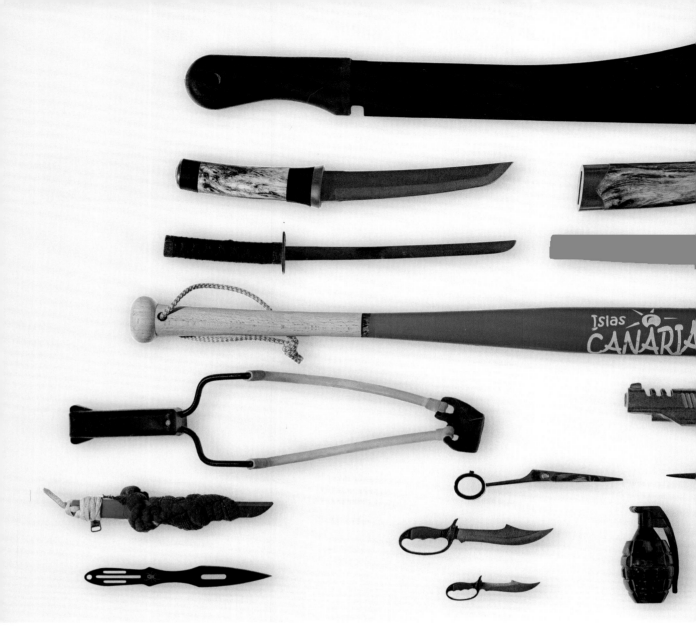

Tatwerkzeuge und verbotene Waffen

Gemeinsame Asservatenstelle der Staatsanwaltschaft Berlin für die Justizbehörden im
Kriminalgericht Moabit

**Nachbau einer Pistole aus Seife für
den Fluchtversuch eines Häftlings auf
dem Weg zur Gerichtsverhandlung**

Polizeihistorische Sammlung Berlin

Mord durch Zertrümmerung des
Schädels mit einem 300 Gramm
schweren Hammer

Institut für Rechtsmedizin des
Universitätsklinikums Halle (Saale)

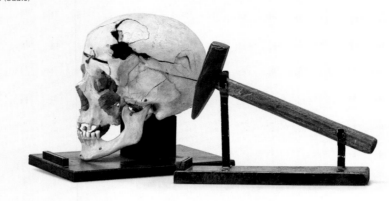

Schuss oder Verkehrsunfall?

Ein Mann fährt stark alkoholisiert mit
seinem PKW auf den Arbeitswagen
einer Straßenbahn auf und verstirbt.
Bei der rechtsmedizinischen Untersuchung zeigt sich vorn an seinem Hut
ein kleines Loch. Korrespondierend
dazu findet sich eine kreisrunde
Verletzung (Eindruckspur) im Stirnbein
des Schädels. Der erste Verdacht legt
eine Schussverletzung nahe. Weitere
Untersuchungen ergeben jedoch eine
Stanzverletzung mit Todesfolge –
ausgelöst durch eine Befestigungs-
schraube des Frontscheibenwischers
vom Auto des Mannes.

Institut für Rechtsmedizin des
Universitätsklinikums Halle (Saale)

Schädeldach mit Verletzung durch Schleifscheibe

Ein Mann manipuliert in seiner Garage eine Schleifmaschine: Er koppelt sie an einen Staubsaugermotor und befestigt diesen mit einer Schraubzwinge an der Werkbank. Bei der Inbetriebnahme löst sich die Schleifscheibe, prallt an die Wand und zerbricht in mehrere Teile. Das größte Stück trifft den 45-Jährigen am Kopf, ein weiteres Teil verletzt ihn am rechten Oberschenkel. Todesursächlich ist der hohe Blutverlust durch den verletzten Schädelknochen mit Hirnteilzerreißung und eine tiefe Weichteilwunde am Bein.

Institut für Rechtsmedizin, Universität Leipzig

Einkerbungen (Sägespuren) an den Unterarmknochen, verursacht durch ein Wellenschliffmesser bei Suizid

Institut für Rechtsmedizin der Charité – Universitätsmedizin Berlin

Verbrannte Kleidung nach Stromunfall
Bei dem Versuch eines Jugendlichen,
auf das Dach eines Schienentrieb-
wagens zu klettern, kommt er der
Hochspannungsleitung zu nahe und
verursacht einen so genannten Licht-
bogen. Dabei handelt es sich um einen
Spannungsüberschlag, der schon
bei ungenügendem Abstand zu einer
stromführenden Leitung lebensge-
fährlich sein kann. Auch ohne direkten
Kontakt entstehen ein lauter Knall, eine
starke Lichtwirkung und hohe Tempe-
raturen. In der unmittelbaren Umgebung befindliche Gegenstände können
leicht Feuer fangen. Todesursache
sind im vorliegenden Fall ausgedehnte
Verbrennungen 2.- 4. Grades von mehr
als 80 Prozent der Körperoberfläche.

Institut für Rechtsmedizin der Charité –
Universitätsmedizin Berlin

Tod durch Stromschlag

Die Besitzerin einer Nachttischlampe
mit der Form eines Kerzenständers
kommt mit ihrer langen Halskette in
den offenen Bereich der Fassung der
Glühlampe. Hierbei wird ein Stromstoß
ausgelöst, der die Frau das Leben
kostet.

Polizeimuseum Hamburg

Brandrückstände verschiedener Materialien

Institut für Rechtsmedizin des
Universitätsklinikums Halle (Saale)

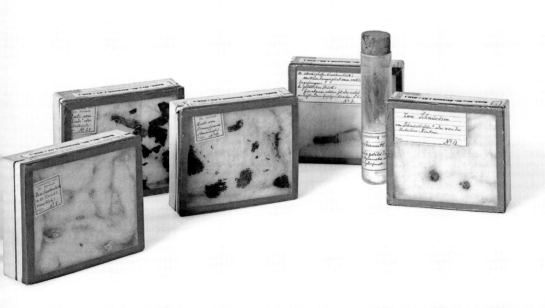

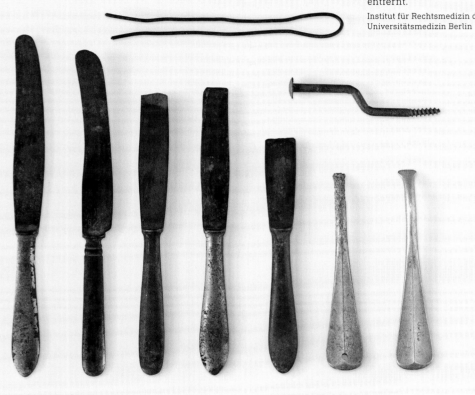

Selbstbeschädigung
Ein 48-jähriger Häftling verschluckt wiederholt Messer, Schrauben und andere Metallgegenstände. Die Fremdkörper werden in mehreren Operationen aus dem Magen des Mannes entfernt.

Institut für Rechtsmedizin der Charité – Universitätsmedizin Berlin

Präparierte Konservendosen, die als
Versteck für gestohlenen Schmuck aus
dem Raubüberfall auf ein Juwelier-
geschäft dienten
Polizeihistorische Sammlung Berlin

Zwei Schlüsselringe eines Serien-
einbrechers, der sich auf Wohnungen,
Keller, Dachböden und Gartenlauben
spezialisiert hatte
Polizeidirektion Dresden,
Polizeihistorische Sammlung

Flusskrebs *(Astakus fluviatilis) in* der **Kleidung** einer Wasserleiche gefunden

Institut für Rechtsmedizin des
Universitätsklinikums Halle (Saale)

Durchgeschliffenes Schädeldach einer
Wasserleiche durch Treiben über den
Grund eines Gewässers (Schleifspuren)

Institut für Rechtsmedizin des
Universitätsklinikums Halle (Saale)

206

Schleifspuren an den Schuhspitzen
einer Wasserleiche durch Treiben über
den Grund eines Gewässers

Institut für Rechtsmedizin des
Universitätsklinikums Halle (Saale)

Abdruck eines Reifenprofils auf einer Strumpfhose bei Verkehrsunfall

Institut für Rechtsmedizin der Charité – Universitätsmedizin Berlin

Mit Gips ausgegossene Reifenprofilspur mit dem dazugehörigem Reifenstück

Polizeihistorische Sammlung Berlin

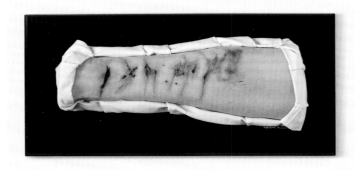

Wachsmoulage von typischen parallel-verlaufenden Probierschnitten am Unterarm bei Suizid

Eine 54-jährige Frau wird auf dem Rasen vor einem Mietshaus aufgefunden. Die Frau verstirbt bald an ihren schweren Verletzungen. Zu diesem Zeitpunkt findet sich zusätzlich zu ihrer Bekleidung ein fest um den Hals gelegter Gürtel. In ihrer Nähe liegt eine Schachtel Schmerztabletten. In ihrer Wohnung findet die Polizei ein blutverschmiertes Messer auf dem Fensterbrett und überall verteilte Blutspuren. Ein Abschiedsbrief, in dem sie chronische Schmerzen als Motiv für ihren Suizid angibt, wird ebenfalls gefunden. Die rechtsmedizinischen Untersuchungen ergeben, dass die Verstorbene zunächst vergeblich versuchte, sich die Pulsadern an beiden Unterarmen zu öffnen. Danach schnürte sie sich kurz vor dem Sprung aus dem Fenster den Ledergürtel um den Hals. Todesursächlich sind mehrere Rippen- und Beckenbrüche mit Zerreißungen der inneren Organe.

Navena Widulin, Berliner Medizinhistorisches Museum der Charité – Universitätsmedizin Berlin

In die Rinde eines Baumes eingewachsenes Strangwerkzeug

In einem einsamen Waldstück wird eine vollständig mumifizierte Leiche an einem Baum hängend aufgefunden. Für die Bestimmung des Todeszeitpunktes (postmortales Intervall) wird eine Untersuchung des Aststücks veranlasst, an dem das Seil zum Teil vollständig eingewachsen war (Forensische Dendrologie). Diese ergibt, dass der Todeszeitpunkt etwa 1–1,5 Jahre zurückliegt.

Medizinhistorische Sammlungen KSI Leipzig (Abteilung Rechtsmedizin)

Abschnitte der Fingernägel eines erwachsenen Mannes, über 25 Jahre hinweg gesammelt

Centrum für Anatomie der Charité – Universitätsmedizin Berlin

DANK

Wir danken allen, die uns bei der Umsetzung des Ausstellungsprojektes sowie bei der Realisierung dieser Publikation unterstützt haben.

Berliner Medizinhistorisches Museum der Charité – Universitätsmedizin Berlin
Zeynel Gün, Jane Kaminski, Beate Kunst, Fatima Lamrini, Dr. Petra Lennig, Axel Rother, Kornelia Spisla, Prof. Dr. Thomas Schnalke, Teresa Steffens

Blueprint3D
Boris Reznicek, Ramon Tamot

Centrum für Anatomie der Charité – Universitätsmedizin Berlin
Evelyn Heuckendorf, Hilja Hoevenberg, Jana Langheinrich

Charité – Universitätsmedizin Berlin
Monika Kemnitz, Dirk Gansewendt, André Hohlschuh, Dorothea Klett, Roland Ruckdeschel, Heike Schröer, Christine Voigts

Direktion Einsatz Erste Bereitschaftspolizeiabteilung Diensthundführereinheit Leichensuchhunde/Blutspursuchhunde/Personenspürhunde
Iris Engelhardt (Chili), Matthias Gebauer (Pepper), Frank Hartwig (Astor), Ralf Jungmann (Kim), Myriam Lange (Emma), René Liebe (Fräulein Peiker), (Kessy), Astrid Rissmann (Ellie), Roman Staib (Kira), Kristin Werda (Benji)

Entomologische Lehr- und Anschauungsmittel
Thomas Kolling

Gemeinsame Asservatenstelle der Staatsanwaltschaft Berlin für die Justizbehörden im Kriminalgericht Moabit
Torsten Munack

Humboldt-Universität zu Berlin
Dagmar Oehler

Institut für Pathologie der Charité – Universitätsmedizin Berlin
Mirko Rizello, Dr. Birgit Rudolph, Christoph Weber

Institut für Rechtsmedizin der Charité – Universitätsmedizin Berlin
Dr. Luisa Backhaus, PD Dr. Claas Thade Buschmann, PD Dr. Sven Hartwig, Renate Hänlein, Dr. Sieglinde Herre, Dr. Franziska Krumbiegel, Elvis Mitrovic, Isabell Mroske, PD Dr. Marion Nagy, Dr. Lars Oesterhelweg, Dr. Kathrin Sautner, Prof. Dr. Michael Tsokos, Lena Westendorf, Corinna Weyer

Institut für Rechtsmedizin des Universitätsklinikums Halle (Saale)
Prof. Dr. Rüdiger Lessig, Dr. Carolin Richter, Dr. Dankwart Stiller

Institut für Rechtsmedizin, Universitätsklinikum Eppendorf, Hamburg
Prof. Dr. Klaus Püschel, Dr. Eilin Jopp-van Well

Institut für Rechtsmedizin, Universität Leipzig
Dr. Carsten Hädrich, Marcus Schwarz

Institut für Rechtsmedizin der Universität Zürich
Urs Königsdorfer, Prof. Dr. Michael Thali

Institut für Veterinär-Anatomie, Fachbereich Veterinärmedizin der Freien Universität Berlin
Prof. Dr. Johanna Plendl, Janet Weigner

Institut für Zoologie der Humboldt-Universität zu Berlin
Dr. Ines Drescher, Prof. Dr. Gerhard Scholz

Landesinstitut für gerichtliche und soziale Medizin Berlin
Imke Kahnert, Dr. Klaus Krocker, Cindy Lichtenstein

Landeskriminalamt Berlin
Uwe Dziuba, Martina Franzen, Verena Gbur, Martin Gneißl, Dr. Heike Göllner-Heibült, Hilja Hoevenberg, Michael Jöcks, Brigitte Klage, Jean-Peer Krause, Dr. Kornelia Nehse, Christian Riesner, Dirk Sattler, Ralf Stresemann, Andreas Voges, Birgit Tügend, Katja Wild

LWL-Museum für Naturkunde, Westfälisches Landesmuseum mit Planetarium
Werner Beckmann, Dr. Jan Ole Kriegs, Bernd Loheide

Museum für Naturkunde Berlin, Leibniz-Institut für Evolutions- und Biodiversitätsforschung
Jürgen Fiebig, Sven Marotzke

Medizinhistorische Sammlungen (Abteilung Rechtsmedizin) des Karl-Sudhoff-Instituts für Geschichte der Medizin und der Naturwissenschaften der Medizinischen Fakultät der Universität Leipzig
Dr. Karin König

Pathologisch-anatomische Sammlung – Naturhistorisches Museum Wien
Dr. Eduard Winter

Polizeidirektion Dresden, Polizeihistorische Sammlung
Wolfgang Schütze

Polizeihistorische Sammlung Berlin
Dr. Jens Dobler, Dr. Bärbel Fest

Polizeimuseum Hamburg
Bernd Heide, Joachim Schulz, Frank Wiegand

Polizeimuseum Niedersachsen
Dr. Dirk Götting

Marcus Sommer SOMSO Modelle GmbH (Original SOMSO®Modell)
Hans Sommer

Siegfried Oberndorfer Lehrsammlung, Institut für Pathologie am Klinikum Schwabing, München
Alfred Riepertinger

Abteilung für Strukturelle und Funktionelle Botanik, Universität Wien
Prof. Dr. Martina Weber

Ein weiterer Dank gilt folgenden Personen
Kristina Baumjohann, Christian Badel, Dr. Sara Barnes, Dr. Mark Benecke, Dr. Jens Boßdorf, Helene Böhm, Patrik Budenz, Benjamin Claus, Martin Dahms, Dr. Lars Dieckmann, Sebastian Fitzek, Giuseppe Di Grazia, Carolin Gros, Ines Hannebacher, Susanne Hirtreiter, Margit Ketterle, Timour und Janka Klouche-Thurn, Prof. Dr. Hans-Peter Knaebel, Alexander Knych, Nicole Kuhne, Carolyn Lässig, Heike Lischewski, Markus Lüpertz, Werner Mathes, Cagdas Orhan, Prof. Dr. Susanne Regener, Reto Schneider, Nadine Schuberth, Christian Schulz, Simone Schulz, Wolfgang Schmidt, Petra Schmitz, Bernd Schurian, Manfred Sieloff, Hartmut Sprenger, Staatsanwaltschaft Berlin, Ferenc Stump, Karin Tüschen, Nadine Wetjen, Bernd-Michael Weisheit

211

Abteilung für Strukturelle und Funktionelle Botanik, Universität Wien
Prof. Dr. Martina Weber

Dr. Mark Benecke, Köln

Direktion Einsatz Erste Bereitschaftspolizeiabteilung
Diensthundführereinheit Leichensuchhunde/Blutspurensuchhunde/
Personenspürhunde
Iris Engelhardt, Frank Hartwig, Ralf Jungmann, Astrid Rissmann,
Roman Staib

Institut für Rechtsmedizin der Charité – Universitätsmedizin Berlin
Dr. Luisa Backhaus, PD Dr. Sven Hartwig, Dr. Sieglinde Herre,
Dr. Franziska Krumbiegel, Isabell Mroske, PD Dr. Marion Nagy,
Dr. Lars Oesterhelweg, Dr. Kathrin Sautner, Prof. Dr. Michael Tsokos,
Lena Westendorf

Institut für Rechtsmedizin, Universität Leipzig
Marcus Schwarz

LKA Berlin Kriminaltechnisches Institut:
AG Blutspurenmusterananlyse (LKA KTI 22)
Dr. Heike Göllner-Heibült, Christian Riesner

FB Gesichtserkennung (LKA KTI 55)
Hilja Hoevenberg

FB Tatortgruppe (LKA KTI 21)
Jean-Peer Krause, Ralf Stresemann

FB Textile/Fasern (LKA KTI 45)
Dr. Kornelia Nehse

FB Vermessung/Subjektives Täterportrait (LKA KTI 22)
Martina Franzen, Brigitte Klage

FB Waffen/Munition/Ballistik (LKA KTI 31)
Martin Gneißl

IMPRESSUM

HIEB§ STICH

Dem Verbrechen auf der Spur

Eine Ausstellung des Berliner Medizinhistorischen Museums der Charité in Zusammenarbeit mit dem Institut für Rechtmedizin der Charité und dem Landesinstitut für gerichtliche und soziale Medizin Berlin

KATALOG

Herausgeberin
Navena Widulin

Wissenschaftliche Begleitung
Prof. Dr. Michael Tsokos

Museologische Begleitung
Prof. Dr. Thomas Schnalke

Assistenz
Teresa Steffens

Gestaltung
h neun Berlin – Büro für Wissensarchitekturen

Illustrationen
Christian Badel

Objektfotos
Christoph Weber

Fotoserie
Patrik Budenz

Lithographie
h neun Berlin – Büro für Wissensarchitekturen

Texte
Navena Widulin, Prof. Dr. Thomas Schnalke, Prof. Dr. Michael Tsokos

unter Mitarbeit von
Teresa Steffens, PD Dr. Sven Hartwig, Dr. Lars Oesterhelweg,
PD Dr. Marion Nagy, Dr. Kathrin Sautner, Dr. Sieglinde Herre,
Dr. Luisa Backhaus, Dr. Franziska Krumbiegel

Essays
Prof. Dr. Thomas Schnalke, Prof. Dr. Michael Tsokos,
Christian Schulz, Jean-Peer Krause, Prof. Dr. Susanne Regener,
Dr. Lars Oesterhelweg

Lektorat
Heike Lischewski

Druck
DZA Druckerei zu Altenburg GmbH, Altenburg

ISBN 978-3-9817965-1-3
© Berliner Medizinhistorisches Museum der Charité – Universitätsmedizin Berlin, 2016

AUSSTELLUNG

Laufzeit
14. Oktober 2016 – 14. Januar 2018
im Berliner Medizinhistorischen Museums der Charité

März – Dezember 2018
GALILEO-PARK (Sauerland)

Kuratorin
Navena Widulin

Wissenschaftliche Begleitung
Prof. Dr. Michael Tsokos

Museologische Begleitung
Prof. Dr. Thomas Schnalke

Ausstellungsassistenz
Teresa Steffens

Gestaltung
h neun Berlin – Büro für Wissensarchitekturen

Illustrationen
Christian Badel

Objektfotos
Christoph Weber

Fotoserie
Patrik Budenz

Texte
Navena Widulin, Prof. Dr. Thomas Schnalke, Prof. Dr. Michael Tsokos

unter Mitarbeit von
Teresa Steffens, PD Dr. Sven Hartwig, Dr. Lars Oesterhelweg,
PD Dr. Marion Nagy, Dr. Kathrin Sautner, Dr. Sieglinde Herre,
Dr. Luisa Backhaus, Dr. Franziska Krumbiegel

Übersetzungen
Dr. Sara Barnes

Lektorat
Heike Lischewski

Druck
Radebeuler Machwerk e.K.

Ausstellungsbau
Riepe Ausstellungsbau

Objekteinrichtung
Museums- und Ausstellungstechnik Bernd-Michael Weisheit
Manfred Sieloff

Restauratorische Betreuung
Navena Widulin

Administrative Betreuung
Zeynel Gün

Presse- und Öffentlichkeitsarbeit
Achim Klapp, Verena Wolff, Unternehmenskommunikation der Charité

Wo Professor Boerne irrt –

Deutschlands bekanntester Rechtsmediziner klärt auf

Spektakuläre Einblicke in die rechtsmedizinische Praxis von Michael Tsokos

EINE AUSSTELLUNG VON

DIE AUSSTELLUNG WURDE GEFÖRDERT DURCH

MEDIENPARTNER